BASIC FREUD
Psychoanalytic Thought for the 21st Century

ベイシック・フロイト

21世紀に活かす精神分析の思考

著：マイケル・カーン　Michael Kahn
監修：妙木浩之　訳：秋田恭子　清水めぐみ

岩崎学術出版社

BASIC FREUD: Psychoanalytic Thought for the 21st Century
by Michael Kahn

First published in the United States by Basic Books, a member of the Perseus Books Group
Japanese translation rights arranged with Basic Books,
a member of the Perseus Books Inc., Massachusetts through Tuttle-Mori Agency, Inc., Tokyo

回帰点としてのフロイト——監修者まえがき

人生を、時間や経験の累積という縦糸、対人関係や対象関係という横糸が紡ぎだす織物、ある種のタペストリーと見なすなら、人の一生のなかで病いというのは、その糸がこんがらがってしまって、紡ぎとることも、また償うこともできないほど錯綜してしまった状態のことを言うのだろう。この病のあり方を正面から取り扱ったのがフロイトであり、その後百年続いている精神分析であった。だから精神分析は方法論であり、治療論でもあった。つまり分析装置であるとともに、治療の道具であるために、その後精神分析のあり方は、直線的、累積的なものではなかったと言える。

一つの極に、精神医学や心理治療があって、治療技法としての精神分析がある。二十世紀からセラピー文化は発展してきたが、臨床精神保健とでも呼べる領域に精神分析は枠組みを提供してきた。フロイトは治療の効果については悲観的だったかもしれないが、亡くなる寸前まで研究のために分析臨床に取り組み続けた。実践のためには、フロイト存命中に彼が倒れたことを契機として、インスティチュートと資格としての精神分析家が創られた。心理療法は前世紀に芽吹き、その多肢な樹幹は、多くの理論と試行錯誤、そして技法を作り出してきたが、その根の一つが精神分析なのである。さまざまな試行錯誤が行われてきたので、今日ではどれが精神分析で、どれが精神分析ではないのかは不鮮明になりつつあり、だからあえて精神分析はこれだと思い込んでいても、フロイトの時代と様変わりしたように見えるが、この議論は、今も精神分析家の資格問題として長く議論されている。

もう一つの極は方法論としての精神分析であり、人間の心の解析装置としての精神分析である。フロイトが晩年まで取り組んだのは「世界観」の科学的な方法として、この領域を発展させることに希望を持っていたからである。ちょうど百年前、ウィーンの医学生を前にフロイトが講義した『精神分析入門』が公にされたのは、第一次世界大戦のさなかだったが、二つの大戦によって、人類の希望は危機に晒されたわけで、そんな中で描かれたのが、フロイトの『精神分析入門』だった。大戦を境にして、精神分析は一般大衆の興味を引き、フロイトも一般向けの原稿を増やしていった。フロイトの精神分析は、不安な時代、ひとつの光明であり続けてきた。彼の議論は、戦争のなかでやや悲観的になっていくように見えるが、同時にさまざまな領域に分析の冷徹なまなざしを向け続け、なぜ人は悲劇を繰り返すのか、という視点から、あるときは原始民族を、あるときには『モーゼ』の時代にまで戻って、分析を続けた。そこから生み出されたさまざまな視点は、人間の心を分析するための基盤になった。集団がなぜ権威に頼り、これだけの悲劇の連続の後でもなぜ独裁に頼るのか、そんな分析をするためには、フロイトのコンプレックス論は不可欠だ。フロイト自身が戦争時代を境にして、宗教の起源や文化人類学の研究に没頭していくのは、そうした歴史的な文脈の中で当然であった。冷戦以後、核の時代を過ぎても、私たちの周辺では繰り返し、政治状況をはじめ権威の問題は跋扈しており、独裁政治がグローバルな世界に危機をもたらしている。

精神分析が創設されて百年ほどたっているので、治療概念や理論が追加され、精神分析理論のなかでパラダイムチェンジをいくつか起こしたが、この二つの極は今も両輪のようにして、存続し続けている。私は治療技法の基盤のひとつとして、そして方法論としての可能性が、広く一般の人たちにとって周知のものになることを願ってやまないが、まだ百年ほどの枠組みなので、全体像を知るためには、どうしても根っこにあるフロイトの考えに戻って議論の詳細を組み立てなおす必要がある。ラカンが言うように、「フロイトに戻れ」というのは、精神分析に関わるすべての人々にとって正しい。フロイトが紡ぎだした理論、技法は、彼なりの織物であり、タペストリーとして、ある全体像をもっているからである。本書は、『基礎知識』の本だが、臨床家にも、そして精神分析を方法論、解析装置として使う社会学や人文科学の人たちにも、手にしてもらいたい。フロイトの枠組みを参照しなおすために、その基本概念のそれぞれが列挙され解説されている。回帰点としてのフロイトの考え方に戻るための参考書のようなものだと考えてもらえば幸いである。

妙木　浩之

ジョナサンに

目次

無意識は、夢の中でも昼日中《ひるひなか》でも、狂気のうちにあっても、ありとあらゆる妄想、奇妙な生き物、恐怖、幻惑などを心にもたらす。なぜなら人の世界とは、比較的すっきりとこぢんまりまとまった意識と呼ぶ住まいの床下で、思ってもみないアラジンの洞窟へ下りていくものだからである。そこには宝石もあるが、危険な魔物《ジン》も住んでいる。考えたこともなければ、人生に迎え入れようとも思わない、不都合で抑制された心理的な力である。この力に気づくことはあまりない。しかし何かの一言や、風景の中に嗅いだ匂い、お茶のひとすすり、そして一瞬見たものが魔法のバネに触れて、それがきっかけで危険な死者が頭の中に姿を見せ始めることがある。自分自身と家族を組み入れた安全な枠組みを脅かす危険な存在だ。しかしこの危険な死者はたいへんな魅力の持ち主でもある。怖くもあるが望んでもいる自己の探求という、冒険の世界全体を開ける鍵を持ってくるのである。

——ジョーゼフ・キャンベル

『千の顔をもつ英雄〔新訳版〕上』（倉田真木、斎藤静代、関根光宏訳、ハヤカワ・ノンフィクション文庫、二〇一五）

はじめに

学部時代が世界大戦で中断され、私は戦闘を体験した。その期間は、人生で二度とは繰り返されないような濃密な体験で一杯だった。強烈な新しい感情と葛藤が次々と生じ、その累積効果は私を当惑させた。自分がまだ生きながらえているのは、今後は自己満足の人生を送ってよいということなのか、あるいは他者に奉仕する人生を送れということなのだろうか？　兵士の多くにつきものだった無節操な性的乱交と、将来は結婚し家族を持とうという心づもりとにどうやって自分は折り合いをつけられるだろうか？　等々思い迷った。大学に戻って、たまたまフロイトの無意識についての理論のコースを履修したところ、そこは全く想像外の世界だった。私はワクワクして興味をかき立てられた。ここに自分の当惑に対処するための方法があると私は思った。感情と葛藤を理解するための方法があると。私は、その理論の優美さとドラマティックさは実に美しいと思った。長年にわたってこの理論を学び教えてきたが、私にとってその魅力は決して失われていない。クライエントが彼ら自身を理解するのを手助けしようとしてきた長い年月の間で、クライエントたちの世界をかくも解明しうる理論はほかに見出せなかった。

この本は、フロイト理論のこうした美しさと有効性についての私なりの思いを伝えようとする試みである。フロイト理論の中から、自らの内界をよりよく理解したい人々にとって役に立つと私が思う諸様相を網羅するつもりである。まさにその同じフロイト理論の様相は、クライエントをよりよく理解しようとする臨床家にとって役に立つだろう。精神分析の専門機関以外で訓練を受けた心理療法家は、しばしばフロイト理論については最も初歩的な導入部分しか学んでいない。私には、彼らがクライエントを理解し彼らと作業をしていく際に不可欠な道具を与えられてないように見える。この本が、そのような状況を改善するための一助になればと思う。

私がこの本を著した精神、そして私が本書の読者に期待する精神は、フロイトの信奉者の中でもっとも歯切れのよい著述家のひとりであるブルーノ・ベッテルハイムがうまく述べている。

（われわれの魂の深みの内に宿る諸力の）起源と影響力を探求し理解することで、それらにうまく対処することができるようになるばかりでなく、仲間に対するより深い、共感に満ちた理解がえられるようにもなる。（原注1）

謝辞

ベイシック・ブックスのジョー・アン・ミラーにとても感謝している。彼女は、不十分な提案のなかに書物が有益なものになる可能性を見出してくれた。彼女と一緒に仕事をするのは喜びだったし、彼女は明るく、すこぶる役に立ってくれた。ケイ・マリアは、とても協力的なプロジェクト・エディターだったし、シャーロン・デジョンは注意深く熟練した原稿整理編集者だった。

私の人生の伴侶であるヴァージニア・カーンには、何カ月もの間パートナーとして世間づきあいに同行できないという事態も含めて、ずいぶんがまんをしてもらった。彼女が本書の成功を信じてくれていたおかげで、また、尽きることない寛大さを示してくれたおかげで、すべてを実現できた。

友人で同僚でもあるジャック・クレアマンは、なんといっていいのかわからないほどに私が本書を著すことを支えてくれた。

あらゆるセラピストや教師と同じく、私も知識のほとんどをクライエントと学生から学んだのであり、そのことに感謝している。

ジョナサン・コブは、私にとって長年にわたる大切な友人であり著述の教師であり編集者である。彼は、本書の各章を編集してくれたが、本書を読むと彼の傑出した力量に感謝せずにいられないだろう。本書は彼にささげられている。

第1章　イントロダクション

こうした精神分析攻撃のなかで、何がいったい危機に瀕しているのだろうか？（中略）フロイトというのは表向きの標的にすぎなくて、実際の攻撃の対象は、人間には無意識の動機があるという考えにほかならない。論争はフロイトをめぐってなされるかもしれないが、本質的な戦いは、私達の文化における人間の魂のイメージをめぐって繰り広げられている。理解という表層の奥には幾重もの意味の層があって、複雑な心理的構造を有しているのが人間なのだととらえるべきなのか？　あるいは、自分を自明な存在としてとらえるべきなのか？

——ジョナサン・リア『開かれた心——精神の論理を探求する』（訳注1）

フロイトの仕事の中に批判すべき点を見出すのはたやすい。哲学者であり精神分析家であるジョナサン・リアは、フロイトを決然と擁護しながらも、以下のように認めて憚らない。「フロイトは重要な症例の数々で小細工をしていた。明らかに、彼の仮説のいくつかは誤りだった。彼の分析技法は融通の利かない侵襲的なものだったし、考えることといったらときにカウボーイのようですらあった。（原注1）」フロイトに向けられた批判の多くは妥当で

（訳注1）竹友安彦監訳、里文出版、二〇〇五、四二頁。

あり、フロイトの理論と技法のいずれも、継続的に洗練と改善が重ねられている。そうではあるにせよ、フロイトは、多くの人々の自分や自分の心の見方を根本的に変えた。フロイトや彼の後継者の主要な洞察は、われわれ皆にとって極めて有益でありうるし、臨床家にとっては不可欠である。

フロイト派やそのほかの精神力動的理論は、現在ほとんど大学で教えられていない。たいていの心理学の入門的教科書では、フロイトは、ほとんど歴史上の興味対象に過ぎないものとして簡単に触れられる。ときたま「名著」プログラムで彼の著作が教えられることはあるかもしれないが、その際は『文化の中の居心地悪さ』が取り上げられるのがお決まりである。また、一部の文化人類学や文学のコースの中には多少フロイトを扱うものもあるかもしれない。しかし、彼の著作が最初に出版されて以来、彼を重要な心理学者であると教える大学はほとんどない。学術的な権威を有する人々の見解では、フロイトの著作は非科学的かつ推論的であり、それゆえ学部生にもふさわしくないもの、なのである。無意識の動機に関心を持つ私のような人間は、このような学術的な権威を有する人々にとって、無意識の理論というのは平静を失わせるものだからという別の理由がそこにあるのではないかと疑っている。

精神分析理論が、心理療法を学ぶ学生にすら現在ほとんど教えられないのはなぜか？　第二次世界大戦から一九六〇年代までは、心理療法を学ぶ学生のほとんどが精神力動的な理論を山ほど教えられており、それなくしては十分に訓練を受けたとはみなされなかった。ところがいまや、振り子は反対側に振れてしまった。何が変わったのか？　フロイトが好まれなくなったというのが、おそらくは最善の説明だろう。フェミニストの多くは、当然のことながら、フロイトが女性をその美点を目立たせるようには描き出していないというかどで異議を唱えている。ただし、彼はだれについても美点を目立たせるような描き出し方はしていないということは明記しておかねばならないが。一九六〇年代の政治的な意識では、フロイトを父権的弾圧の象徴としていた。人間性心理学者は、フロイトを悲観的であるとみなした。しかし、人々がフロイトに背を向けたのは一九六〇年代が初めてではない。フロイトの考え方は、十九世紀に彼が最初にウィーン医学会で報告して以来、周期的に流行ったり廃れたりしてきた。

フロイトの考え方を受け容れることをめぐっては、二つの力がずっと争ってきた。ひとつは、彼の理論が持っている、人を動揺させるような性質に対する抵抗であり、その性質ゆえにしばしば人気が失墜する。意識的な心は、単なる氷山の一角に過ぎず、思想や感情、そしてとりわけ動機の意識に対する優位性が自分では見えず、ときとして無害でも無垢でもないということが示唆されるのは当惑することである。これはあたかも、自分が平和な喜劇の登場人物であると思っていたところに、突然、実は乱暴で邪悪な詩劇の登場人物なのだと思い直させられるようなものである。もうひとつの力は、フロイト的な考え方が周期的に蘇生することの背後にあるのだが、まさにこの詩劇の魅力とそれを学ぶことが情緒的な苦痛を減らしうるという信念である。

フロイトの人気は、さまざまなサブカルチャーで高くなったり低くなったりしてきた。一九七〇年代には、フロイトの考え方を破壊的だとみなすフェミニストが多かったが、それ以降、無意識の力動を理解せずして性差別主義の基をなしているものを理解することはできないと表明する著名なフェミニストの社会学者や心理学者もいた。後述するが、そのような学者のうちの最も洗練された論客であるナンシー・チャドロウとジェシカ・ベンジャミンは、フェミニズムと精神分析を統合している。一九七〇年代には、政治的な意識をもったセラピストがいかにして精神分析をより権威主義的でなくせるかを示し始めた。彼らは、セラピストは決して誤らず、患者は決して正しくないという伝統的見解に意義を唱え、セラピーの雰囲気をより友好的で人間的にしていった。このようなセラピストは、面接室ではセラピストと患者が対等の立場で、患者の解放のために協働するのだと考えた。フロイトが、しばしば悪魔視されるというわけではない時代に入ったのだ。

しかし、精神分析の歴史において、人気が高揚した後は必ず下降に見舞われる。一九九〇年代には、現代の神経学と精神薬理学から見るとフロイトは時代遅れと主張する書籍や記事が絶え間なく出版された。一九九八年にアメリカ議会図書館でフロイト展が開催されると発表されたとき、際だって感情的な抗議が沸き起こった。その抗議を耳にしてもフロイトは驚かないであろう。フロイトが生きていたら、博物館の展示を巡ってそれほどまでに感情的になることが、彼の理論によってもっともうまく説明されうると指摘するだろうから。

一九九〇年代に心理学者によってフロイトに向けられた批判のひとつは、彼の生物学的な方向性と関連している。フロイトのルーツは、一九世紀の生物学にあり、それゆえに彼は本能や本能の不可避的な発達を強調するに至った。フロイトにとっての「本能」は、「欲求」のことであった。本能は、すべての人に受け継がれる欲求であり、精神にその充足を要請する欲求であった。食べもの、セックス、自己保存、などなどへの欲求があった。フロイトは、繰り返しこれらの本能を分類し、分類し直しては、人間の基本的葛藤を葛藤している欲求の間の葛藤として理解するための方法を探した。晩年、彼はすべての本能は最終的に二つの主要分類、つまり生の本能と死の本能に包含されると考えた。両者は、定義上互いに対極にあり、その間の戦いによってこのような終わりのない苦痛がもたらされるのであった。

生物学の訓練がフロイトの後年の考えに影響を与えた別の例としては、フロイトがいうところの「潜伏期」の概念化が挙げられる。フロイトは、性的な欲動が七歳ごろに目立って減少し、思春期に劇的に回復するという、遺伝的な生物学的傾向があると考えた。この二段階の性的欲動が、人間が神経症になる傾向の一因であった。彼は、潜伏期においては、熱情を抱く能力と慈愛を抱く能力とが同期しなくなり、慈愛の傾向は発達し続けるが熱情は停滞すると考えた。後述のように、これらが同期しない（「欲望すれども愛せず、愛すれども欲望できない」）のは、不幸せの主要な一因である。現代のセラピストで、この問題が現存し、ありふれたものであり、そして苦痛をもたらすことを否定する人はいない。しかし、それについてのフロイトの生物学的な説明を受け容れるセラピストは少ない。

生の本能と死の本能の間の葛藤、それに潜伏期の影響は、フロイトの生物学的な方向性の数多ある例のうちの二つにすぎない。生まれか育ちかの論争では、多くの場合、フロイトは断固として生まれ、つまり本能の側に立った。フロイトの思考におけるこのバイアスに対する批判は、早い時期から見られたし今もってなお衰退していない。フロイトが乳幼児期の体験、特に子どもの養育者との乳幼児期の関係の重要性を無視していると議論されている。この議論は確かに正当である。フロイトの関心は専ら、本能的欲動を含む無意識の早期の発達についての根本を揺さぶるような洞察に向けられており、乳幼児期の人間関係の影響を実際に研究するまでには決して至らなかった。このような関係を強調すること、つまり「対象関係」の研究が、精神力動の研究に付け加えられることは不可欠であり喜ばしいことである。

心理学者は「欲動理論」と「対象関係」論の対立について議論することがある。これが実りあるものであると私には思えない。つまり、両者ともに間違いなく正しいのである。たとえば、まぎれもなく性的欲動はあり、その欲動の表出は乳幼児期の関係性によって強力に決定づけられるということも同様にまぎれもないことである。

セラピストの多くが、フロイトの無意識へと至る洞察などを使わなくとも仕事ができると考えていた長い時代から私たちは今や脱却しようとし始めている。行動主義者や認知療法家といった、依然としてフロイトなど不要という立場を維持する心理療法の学派もある。しかし、このような特に非精神力動的な学派を除けば、フロイトが時流に乗っていようがいまいが、クライエントを理解するうえで、彼らの行動をかたちづくる無意識の力を理解することが不可欠であると考えるセラピストが今やますます増えている。

フロイトへの関心が新たに高まっていることのひとつの現れとして、精神分析の訓練を行う研究所が急増し人気を博していることが挙げられる。たとえば、サンフランシスコには、何十年にもわたって、一つの研究所しかなかったのだが、いまや四つになり、そこでの訓練を受けようと応募する人の数も増加している。ニューヨークやロサンジェルスでも同様に急増している。

おそらく、フロイトがこうして不人気から何度も復活するのは、あれこれ批判や異論はあっても結局のところ彼が欠かせないからである。フロイトは、臨床家にとって、不可欠である。なぜなら、前述のように、無意識の過程についての実践的な知識なくして、また、クライエントの無意識のあり得べき内容へのフロイト派の道案内なくして、クライエントを理解することは困難だからである。たとえば、そのような知識と道案内がなかったならば、私は自分のクライエントであるサムについて、すっかり途方に暮れただろう。

サムは、女性と関わることができないことに当惑している。彼は、女性と関わることは裏切りのように感じられると語るが、何をまたは誰を裏切ることになるのかは彼にはわからない。そこで私は、彼が十二歳のとき最愛の母親を亡くしたこと、そして、彼の最も大切な思い出が、母親が亡くなる少し前に彼に『くまのプーさん』の結末を読み聞かせながら泣いたことであることを想起する。クリストファー・ロビンは大きくなったので、くまのぬいぐるみと遊ぶのはそろそろ卒業しなければならないと悟る。彼はプーさんを森の中の美しい場所に連れていって言う。「忘れないでいようね。この場所では男の子とその子のクマはこれからもいつも友だちなんだ」と。こうして私は取っ掛かりを得た。つまり、私はサムが彼の人生のこの局面を理解する助けとなりうる手がかりを手にしたのだ。サムの心の中にサム自身には見えないつながりがあることが私にはわかっている。それは、母親を亡くした悲しみ、そして、母親が亡くなる前に結んだと彼が信じる無言の約束にまつわる哀しみと関係していると考えられる。彼が、女性と関わることはこの無言の約束を裏切ることになると信じているのではないか。私はフロイトから、このようなつながりは気づかないうちに作り上げられると学んでいたし、第4章で見るように十二歳の少年とその母親との間にありそうな関係性についてもとても多くのことをフロイトから学んでいたのだ。

ジョセフ・キャンベルの『千の顔を持つ英雄』は、私たちの心の奥底にある世界と関わりを保つことの素晴らしさと力を思い起こさせる。ジョナサン・リアの『開かれた心』を読むと、フロイトを単なる神経症の治療者とみなすのは間違いだと気づかされる。フロイトは、ソフォクレスやシェイクスピアに遡る伝統の中で人間の有り様を深く探求した人だった。フロイトはその探求の中で、人間の幸福には、曖昧になっていてすぐには気づけないような重要な意味があることを見出したのだ。

精神分析とプロザック[訳注2]を同じ目的をもった異なる手段と考えるのは誤りである。自分の目的とは何かについて、より明確で、より柔軟かつ創造的な実感を育むよう手助けするのが、精神分析の眼目である。「どのように生きたらよいのか？」は、ソクラテスにとって、人間存在の根本的な問いだった。そして、この問いに答えようとすること自体が、彼にとっては、人生を価値あるものにする行為だったのだ。プラトンも、シェイクスピアも、プルースト、ニーチェ、そして近年ではフロイトも、こうした問題に取り組んできた。彼らは、人間の魂とは、せいぜいが薄暗いガラス越しに垣間見ることができるくらいのもので、そこには意味という深い水流、しばしば交差する水流があるのだ、と唱えてきた。これが、言ってみれば、西洋の伝統である。それは特定の価値観の集大成ではないし、人間の魂はあまりにも奥深く、どのように生きるかという問いに容易に答えられるものではない、という確信である。[原注2]

フロイトの貢献の中心的な部分は、無意識の描写である。「無意識的」ということばには多くの意味がある。**睡眠状態**を意味する場合もあれば、交通信号で止まる等の**自動反応**を意味する場合もある。自分の周りで何が起きているか気づかない、**気に留めない**ことを意味する場合もあれば、練習を多く積めば野球の打撃が上達するように、**神経学的にプログラムされる**ことを意味する場合もある。フロイトがこの言葉を用いる際（そして、本著

（訳注2）抗うつ剤の一種。

での用法でもあるが）、彼が指しているのは、私たちが意識しないが精神生活に非常に大きな割合を占める部分、見えないところで作用して私たちの態度や行動に強力な影響を及ぼす衝動や観念、願望や恐怖などに他ならない。

私たちは、精神生活には自分自身で見えない部分があまりに大きいため、自らの奥底の動機についてしばしば知らないままでいる。私のクライエントのアレックスが恋人と別れようと決意したとき、彼は彼女が関心を引く伴侶ではないと判断したからだと自分自身に言い聞かせる。彼には、これが動機だと思えたのである。アレックスについて私が知る情報から考えると、フロイトならば、アレックスは十分に「関心を引く」と判断できるような伴侶は決して見つけられないだろう、なぜなら破局に向かう隠された動機がそこにはあるから、と示唆するだろう。動機についての精神分析的な理論は、私たちが為すことを為し、考えることを考え、信じることを信じる理由を明らかにしようとする企てである。そうした行動、思想、信念は、ある程度――しばしば**かなりの**程度――無意識の動機の結果なのである。これが、本書の主題である。

クライエントは通常、自分の問題で当惑している。自分の心が自分を裏切るときがあるとわかっていて、でもその理由がわからないのである。そのような当惑が、心理療法を求める重要な一因になっている。自分の考えや感情、衝動や恐れ、態度や動機といったものを理解することができていたならば、セラピストなど不要だっただろう。このような当惑の理由は、心的内容の相当部分がクライエント自身には見えていない、つまり無意識であるということである。クライエントが自分の見えていない領域を照らす灯りをともせるように手伝うために、セラピストには無意識についての実践的知識が必要である。そのような領域への洞察は、クライエントの解放には十分ではないにせよ――解放されるには、クライエントは、面接室の中で何らかの癒しの経験をも必要とするからだが――確かに必要である。

精神分析の理論家であるロバート・ストロロウと共同執筆者たちは、このことを以下のように述べている。（原注3） 自分を圧倒する世界を理解するために、われわれは早期から一連の**オーガナイジング・プリンシプル**を発達させる。

これらのうちもっとも基本的なものは**不変**になる。つまり、相容れない証拠を前にしても変化に抵抗する。こういったことの多くは、人生の非常に早い時期に形成されるため、または、情緒的に非常に脅威なので抑圧しておかなければならないような環境とつながっているために、無意識である。人生の早期にだいじな親を亡くしたら、自分の愛情が危険だという無意識的な原則をもつようになる人もいるだろう。親が嫉妬深ければ、美しいことは許されないのだという無意識的な原則をもつ人もいるかもしれない。人はみな自分で気づいていないけれど強力な影響をもたらしている不変のオーガナイジング・プリンシプルをかなり持っているものである。ストロロウは、心理療法の重大な局面は、そのような目に見えない原則を可視化し、クライエントにどの原則が有用なのか選択する機会を与えることだと述べている。以下は、二つの過酷なオーガナイジング・プリンシプルの例である。

アーサーは、あと一歩で成功しそうになると自分の仕事をだめにしたくなることが頻発するということで、セラピストのところに通っている。家族歴が語られているときに、ある様相があらわになってきた。思いだせる限り昔の記憶では、彼は弟に何かよくないことがあると気づいていた。弟は学校の勉強ついていくのがたいへんで、ついにアーサーには、弟に遅れがあるということがわかった。また、弟は彼の知る限り最も愛情深い人であり、彼の親友であることもわかっていた。アーサーは、修士課程を修了して専門職についたが、自分のキャリアアップを目指すとなると、何度も勝利の目前でみすみす敗北していた。セラピストとの作業で、徐々に明らかになったのは、大好きな弟をはるか遠く後ろに残してきたことの悲しみが、ある種の「サバイバーズ・ギルト」(訳注3)となり、何度も何度も目の前の成功をだめにしようしていたのだ。彼の無意識のオーガナイジング・プリンシプルは、「弟が成功を手に入れられないのなら、自分も手に入れる資格はない」と

(訳注3)　犠牲者が出るような苦境を生き延びた者の持つ罪悪感。

いうものだった。

デボラを喜ばせる術はないと、困惑したセラピストは考え始めている。デボラは、セラピストが冷淡であるという不満とセラピストが熱意にあふれているという不満との間を行き来している。ようやく、デボラの父親は魅力的だったが情緒的には不在であり、一方母親は愛情に満ちて、要求がましく、人を巻き込みがちだったということが明らかになってきた。デボラは、これがどの関係においても持つことのできる二つだけの選択肢だと無意識に考えてセラピーを受け始めた。セラピストは、デボラが無意識にセラピストをあるときは母親として、あるときは父親として見ていることを理解するようになった。かくして今やセラピストは、デボラがその原則によって人生において出会う人々に対する期待をいかに狭めてきたかを理解する手助けをする立場にいる。

無意識の動機がクライエントの困難を引き起こしていることが明らかになると、セラピストのすべき仕事は二つである。第一にクライエントが困惑することになっている無意識の力動を理解し、第二に最終的にはクライエントに説明するための有用な方法を見つけることである。クライエントの感情や動機を理解するためには、無意識の力動を理解することが必要である。クライエントがそれを利用できるような方法でクライエントにその理解をもたらせるようにするのは、セラピーの技能の中の繊細な部分である。この点について、後に詳述する。

すでに述べてきたように、目に見えない動機を可視化することはセラピーにおいて不可欠ではあるが、それだけでは十分ではない。本書が主に扱っているのは、無意識の動機であり、そして、それを理解することとそれをクライエントに伝えることである。セラピーの要素は他にもあって、それらはきわめて重要だが、本書の扱う範囲を超えている。しかし、他の要素を不可欠たらしめるものについて記すことは本書の範囲内である。フロイトがはじめて患者の症状が無意識の動機を表していると発見したとき、発見したことを患者に話しさえすれば症状を軽減することができるだろうと考えた。ところが彼は酷く失望させられた。隠れていたものを見せられたからといって、ほとんど症状は軽減しなかったし、軽減したとしてもごく一時的にであった。それ以来、心理療法の歴史は、変化を起こすためには洞察に何を付け加えなければならないかを発見しようとする挑戦の歴史であった。精神力動的なセラピーの学派では、その問いに答えようとする挑戦の多くは、セラピストとクライエントのあいだの関係性の質に焦点を当ててきた。第11章において、臨床的な関係の無意識の様相を考察する際に、その質を検討する機会があるだろう。無意識の動機を理解しその理解をクライエントにうまく伝えるセラピストの能力が、それだけでは不十分なのは確かであるにせよ、絶対に必要であることを記すことでここは足りるとしよう。

無意識の動機についての研究が重要なのは、セラピーでクライエントを理解するためだけのことではない。自己理解のためにもきわめて重大である。無意識の恐怖と罪悪感によって人生は予想もしなかった方向に向かう。

ジョアンは健康で若い既婚女性だが、お産で落命すると確信しており、子どもを持つことを恐れている。彼女は夢を報告した。その夢で彼女は「人を殺したならその殺人現場には決して近づかないようにしなさい。そこでは犠牲者の幽霊が復讐のためにあなたを殺す力を持っているから」という古来の言い伝えを思い出した。彼女がセラピストに語ったのは、父親が産科医である赤ん坊をとりあげているときに亡くなったということで、ほどなく明らかになったのは、いくつかの未解明の理由のために、彼女は父親の死に責任を感じていて、その帰結を恐れているということだった。

無意識においては、奇妙な関連が作り上げられる。人は、あることに対して、それがあたかも別の何かであるかのように反応するし、ある人に対して、その人があたかも別のだれかであるかのように反応するのだ。

アンソニーは、仕事で特定の同僚と緊密に協力することを求められている。彼らは、何年間もうまくやってきていたし、一緒に働くことに喜びを感じていた。最近、彼らの間に深刻な軋轢が生じ、アンソニーは同僚を批判的で攻撃的だと責めている。アンソニーは同僚のふるまいにかなり頭にきており、とても良い仕事なのにやめることを考えるようになった。彼とセラピストは、問題を遡ってある出来事にたどりついた。そのとき彼と同僚は何かで意見がくいちがって、二人ともが意見の相違をやや興奮して表明していた。セラピストと話し合ううち次第に、アンソニーは不快な感情が鎮まっていくままにするのを拒んできたことに気づいた。彼はセラピストに、同僚が何度か仲直りを試みており、彼が抵抗していたことを伝えた。しばらく探求した後で、アンソニーは、とても怒っていて批判的な母親に対してやっていた方法をしのばせるような形で、同僚に対して応じていることを悟った。

不満を持っている状況が、実は自分が創出した状況であり、ゆえにそれを変えようとするいかなる企てにも抵抗しているのだと発見することはめずらしいことではない。結婚は、顕著な例である。

カールとキャサリンはカップルセラピストに相談している。カールはキャサリンが「不感症」だと不平を言う。キャサリンは、顔を赤らめながら同意する。彼らは、以前にセックスセラピストに相談したことがあった。カップルセラピストは、セックスセラピストがどんな助言をくれたのかを尋ねてみた。キャサリンが、カールがその助言は役に立たないからといって、従うのを拒んだことを明らかにした。カップルセラピストは、キャサリンが、性的な求めに応じられないとレッテルを貼られることにあえて甘んじているのは、カールを守るためではないかと疑いはじめた。そして実際、カップルセラピーを進めていくうちに、このカップルとセラピストは、カールが二つの根深い恐れを抱いていることを見出した。彼は自分が性的に拙いのではないかと自信がなく、したがってもし相手が彼女自身の情熱に気づいたら、彼を裏切ってほかの男のところに行くかもしれないと恐れているのだ。二人ともこれらのことには何も気づいていなかった。

第2章では、フロイトのいう無意識とは何か、そしてそれについての彼の教えをみていく。さらに、フロイトの膨大な仕事（彼の著作は二十四巻にも上る！）から、フロイトの無意識の理論をもっともよく照らし出し、その理論によってどのようにより優れた自己理解に至るのかを示している部分を抜粋する。

フロイトの性的発達の理論については、第3章と第4章で探求する。特に、エディプス・コンプレックスに注目するが、これはフロイトが自らの理論の最重要部分と考えたものである。慈愛と熱情の両方を与えたり貰ったりできる真に満足のいく伴侶を見つけることが非常に難しい人々がいる。フロイトは、その問題を理解するのにどのように手助けしてくれるだろうか？

第5章では、フロイトの最も強力な説明概念の一つである反復強迫について述べる。

第6章から第8章までで、フロイトの不安と罪悪感に関する理論と防衛機制に関する理論をみていく。つまり、不安から身を守る方法について、である。私たちはみな、とっくに過去のものであるはずの太古の危険に恐れおののいているように思える。私たちは、いまだ実行に移してすらいない単なる願望に対してもひどく重たい罪悪感を経験しがちである。もっとも深い願望を自らにも秘匿することで、私たちは生活が支障をきたすまでに制約してしまう。フロイトの無意識の理論は、こういった普遍的な人間の現象をどのように解明するだろうか？

さらに、第9章と第10章では、夢、悲哀と喪についてのフロイトの理論を探求する。臨床実践にフロイトが最も貢献したことのひとつは、悼まれていない喪失の帰結についての発見である。彼が明るみに出した逆説は、喪失の痛みを避けようとすると、よりひどく長く続く痛みがもたらされるということである。この逆説を理解しうるだろうか？

第11章では、あらゆるクライエントとセラピストにとって中心的な関心である話題を取り上げる。つまり、治療関係における無意識の側面である。臨床的な関係性は、クライエントと心理療法家のいずれの立場からも、見かけよりも遥かに内容豊かであり複雑であると判明するのが常である。このような次第に立ち現われる複雑さがクライエントにとって無比の価値を持つ。それはどのように作用するだろうか。

第2章　無意識

フロイトは『精神分析入門講義』の中で、以下のように語った。

私が以前、結婚して間もない一組の夫婦を訪ねた際のことですが、新妻が笑いながら、最近あったこととして、次のような話を聞かせてくれました。新婚旅行から帰った翌日、彼女は独身の妹を訪ね、夫が自分の用事を済ませているあいだに、以前のように妹と一緒に買い物をしていました。ふと、通りの反対側にいるひとりの男性に気がつき、傍らの妹を突付いて言ったというのです。「ほら、あそこにLさんがいる」。彼女は、その男性が二、三週間前から自分の夫であることを忘れていたのです。この話を聞いたとき、私は背筋に何か冷たいものが走るのを感じましたが、あえてそこから何か推論を行うことを控えました。この些細な一件を私がまた想い出したのは、何年か経ってこの結婚が最も不幸な結末を迎えてからのことでした。(原注1)

フロイトがあえてはっきりさせなかった推論は明白である。花嫁は意識的には気づいていなかったとはいえ、最初からこれは彼女が望む結婚生活ではないことを「わかっていた」のである。

フロイトが無意識を発見したわけではない。精神内界における無意識の存在や重要性は、彼より前の人々によって考えられており、彼の同世代の少なくとも一人には探求されていた。もちろん詩人や劇作家はずいぶん前から無意識についてわかっていた。フロイトがしたことは、無意識過程の内容や作用についての私たちの知識を大いに増加させたことであった。また、そうした知識によってセラピストがクライエントを助ける力や私たちみんなが自分自身の心的生活の性質を理解する力がどれほど促進されうるかを示したことだった。

フロイトによる無意識についての主な主張は、以下の通りであって複雑ではない。私たちは、自分がなぜそう感じるのか、自分がなぜそれを恐れるのか、自分がなぜそう考えるのかわからない。そして、とりわけ自分がなぜそうするのかわからない。私たちが感じ、恐れ、考え、そしてすることは、当初の見かけよりもはるかに複雑で、はるかに興味深い。

私たちは、自分がなぜそう感じるのかわからない。

私の成人の患者であるマックスは、一連の出来事について母親に怒っているが、彼の説明では、そのような激しい反応に値するような出来事とは私には思えなかった。他の何かがこのような怒りの引き金になっているにちがいないということだけが明確であると思えた。

私たちは、自分がなぜそれを恐れるのかわからない。

マーティによると、彼は、電話の応対を避けるためにどんな手段も用いるという。どうしても電話に出る必要が生じると、彼は典型的な不安の症状を感じる。心臓は激しく鼓動し、発汗し、呼吸しにくくなる。彼はどうして自分が電話を恐れるのかわからない。

私たちは、自分がなぜそう考えるのかわからない。

レベッカは、自分が愛されるはずがないと思っている。彼女に愛していると言っても無駄である。彼女は、そう言われても信じないし、自分が愛されるはずはないと確信したままである。

私たちは、自分がなぜそうするのかわからない。

ジョージは学生で、週末にビデオゲームをして過ごし、重要な試験に落第するが、その試験は、ちょっと努力すれば好成績を残せるはずのものである。彼は、ゲームからはほとんど喜びを得なかったと言い、むしろ彼が勉強すべきであった科目の題材に実はとても興味があるのである。

フロイトは、ある講義の中で、ある患者の描写を通じて無意識*の概念を紹介した。その患者はある最寄りの部屋に駆け込んでは、あるテーブルの前に立ち、部屋付きメードを召し出しては下がらせ、しばらくするとまたこの一連の行動を繰り返したくなるという強迫に駆られていた。その儀式の意味は彼女にとって全くの謎であり、たいへん困ることだった。そしてある日、彼女は自ら自然とそれを理解した。

彼女は、夫と別居していたが、その夫とはほんの短い間だけ一緒に暮らしただけだった。結婚式の夜に夫は不

---

*形容詞としての「無意識的」（unconscious）と、心の部位としての「定冠詞付きの無意識—無意識なるもの」（the unconscious）の用法は、精神分析の歴史の一節をなしている。フロイトは、この語は思考の質を記述する形容詞として用いるのが最も有効と考えた。この本では私もそのように用いるが、この文章におけるように、無意識の精神事象の集合全体を表す名詞として用いる場合もある。

能だった。夜中、彼は繰り返し自分の部屋から彼女の部屋へと急いで行っては性交を試みたものの不首尾に終わった。翌朝、彼は花嫁が処女を失ったとメイドに信じさせようとベッドの上に赤いインクを垂らした。だが、急ぐあまりにインクのシミを付ける場所を失敗し、彼の企みは台無しになってしまった。

夫と別居して以来、この婦人は禁欲と孤独に生き、強迫的な儀式で生活は不自由になり、夫をことさらに尊敬し賞賛して思い浮かべていた。彼女がフロイトに語ったことによれば、メイドを呼びつける際に自分が立っている、その傍らのテーブルにかぶせられた布にはシミがあった。彼女は、メイドがシミを見ようとするのを確かめようとして立っていた。

その女性は、メイドに象徴的にシーツの処女血のシミを見せることで、夫を辱めから守るという儀式を無意識的に企てていた。当初にフロイトが彼女に尋ねた際には、彼女は儀式の意味を全く理解できないでいた。つまりそれは、無意識的に他ならなかった。

わずかな例外を除いて、フロイト以前の心理学者は、精神内界と意識とは同義語と考えた。無意識的な精神内界などという概念は、表現矛盾だと思われたのである。フロイトは、精神（mind）全体についての見解を根本的に変更しない限り、患者の思考や行為を説明できないと悟ったのだ。

彼は、意識は精神内界のほんの小さい部分に過ぎないとみており、精神を描写するあるイメージを思いついた。それによれば、無意識とは、大きな玄関ホールのようなものであり、そこには幾多の心的イメージがひしめきあい、玄関ホールから奥に続く狭い客間に入りたがっている。その客間に居るのが意識であり、諸衝動は、何とか意識に自分の話を聞いてもらいたいと望んでいる。玄関ホールと客間との間の通路には、番人が立っており、彼の仕事は、客間への入場を求める個々の衝動を検査し、それが受容可能なものか否かを決定することである。もし受容不可と判断されれば、衝動は追い払われ、無意識の玄関ホールに留め置かれる。受け入れがたい衝動が敷居を超えるようなことがあれば、番人は退去を命じて、玄関ホールに押し戻す。このように押し戻された衝動は、

抑圧されている。客間に入れてもらえた衝動も、意識の目に留まるまでは未だ意識化されてはいない。客間には居るが未だ意識の目に留まらない衝動は、**前意識的**であり、この客間こそが、前意識系に他ならない。許容不可の衝動を退去させる、つまり抑圧する番人は、分析家が患者の解放のため抑圧を取り除こうとして動き出すときに**抵抗**として現れる番人と同じ番人である。(原注2)

その番人は、衝動や思考が客間に入るのを拒む決定を下すことがありうるが、それはもしその衝動が意識の目に留まったら、恐れ、罪悪感、そして恥などの好ましくない情動を惹起すると危惧されるからである。私たちは、第6章でこうした検閲の根拠をいくぶん詳しく検討する。取りあえずは、客間への入室志願者の選別の際にこれらの基準を適用するのが番人ないし検閲官の仕事だと留意すれば十分である。

玄関ホールの住人にして無意識の精神内界を構成する思考、願望、そして衝動とは一体何者なのだろうか。無意識の主たる属性は、もとより無意識的なことである。ここでの議論のため、無意識の精神事象というものを、少なくとも独特の手段なしでは言語的に接近し難いものと定義しよう。もしあなたが、私がなぜ週末をわびしく無駄にしたのかと尋ねたとしても、私は実際答えられない。また、なぜ私が無害なネズミを恐れるのか問われたとしても同じく答えられない。特別な連想法を適用するなり自白剤を使うなりすればわかるかも知れないが、ただここに座して考え、理解しようと努めてもかなわない。もしこれらの思考が意識されるとしたら痛ましい感情をもたらす。それゆえに、番人によって玄関ホールに強制的に留め置かれるのである。

客間にある衝動や思考のうち、未だ意識の目に留まっていないものが、前意識を構成する。前意識とは、目下のところ意識的ではないが意図すれば意識されうるような精神事象とフロイトは定義した。この瞬間にあなたが母親の旧姓のことを考えているということはなさそうだが、私が尋ねれば、あなたは多分それを想起して答えられるだろう。それはあなたが想起するまでは前意識の中にあったのだ。無意識的なものの中には、他のものよりも深く埋められているものがある。番人は、ある種の衝動を他の衝動よりも厳しく拒絶するよう指示を受けている。たとえば、私はあるオーケストラの指揮者の名前をにわかには思い出せそうもない。ただちに、あなたにその名前を言おうとしても言えない。しかし、もし私が思い出そうと思って、彼の名前の最初の文字に辿り着くまでアルファベットを順番に辿っていったら、ほぼいつも思い出すことができる。今は、その情報は無意識にあるが、すっかり無意識にあるという訳ではない。他方で、あまりにも深く埋められて、堅く守られているために、およそたどりつけそうもないような多分非常に古い記憶や感情もあるのは確かである。私たちの動機の多くは、無意識の中の浅い部分と深い部分の間のどこかにある。それらにたどり着くことはできるが容易ではない。

フロイトは、多くの考えは単に忘れられるに過ぎず、全く抑圧などされないことを理解していた。忘れられた考えは、押し流されて失われる。無意識へと抑圧された考えは、個人の精神内界の一部として残る。**すべて**に動機があると主張するセラピストは、クライエントと無益な議論に入っていくことで悪名高い。抑圧されたものと、単に忘れられたものとを区別しようとすることは必ずしも容易でも生産的でもない。

フロイトは前意識的と無意識的との間を明確に線引きし、何であれもし容易に接近可能であればそれは前意識的であるに過ぎず、さもなければ無意識的であるとした。しかし実際には、それらの範疇の間を左様に明確に区分けることはしばしば困難に思える。最も実用的なモデルは、一方の意識された考えから他方の深く埋もれた考えまでを連続体として捉えるものだと私は考える。「前意識的」な考えとは、その連続体上で言えば、意識のすぐ下に位置するものを指すと言えよう。

無意識の精神事象のもう一つの重要な特徴は、意識的な事象が「二次過程」の法則に従うのに対して、無意識はすべてではないにせよ多くが、フロイトが「一次過程」と呼んだ法則に支配される点である。二次過程が描き出すのは、お馴染みの論理の世界である。事象は、順序正しく起こる。過去は過ぎ去っており、未来は未だ到来していない。これは原因と結果の世界である。勉強すれば良い点が貰える。友だちにいらいらしたら、友だちもまたいらいらしがちになる。この世界では、空想と行為は別物であり、別の帰結を伴う。もし部屋を片付ける代わりに空想にふけっていたら、部屋は実際には片付かないのが明々白々である。誰かに悪いことが起こるように願っていたとして、もし偶然にそうなっても自分のせいとは考えない。

二次過程とは異なり、一次過程は**現実**の如何によらず作用する。このことは、二次過程の領域内で私たちが知っている論理でなく、奇妙な論理を示唆する。この一次過程の領域には、相互矛盾や相互排除という概念がない。父親を殺したいと思いつつ、父に明日映画に連れていってもらうことすらあるだろう。人を侮辱した舌の根も乾かぬうちに、その人に愛されることを期待したりする。現実と論理からの規制が極めて緩く、奇妙な連想が起こりうる。ある観念が類似の観念の代わりを務めることもあれば、ある観念によって全く異なる観念が置き換えられうることや、ひとつの観念がある一群の観念全体を代表することもある。

私の父親に対する恐れは、馬が私を噛むという恐れに転じうる。これは一次過程の領域における典型的な連想の連鎖である。一次過程では、私は父親を愛し、かつ恐れるのである。私は、愛を意識しているが、恐れは無意識的である。私は、父親が私の悪しき考えを罰すべく身体に危害を加えると危惧する。馬は父親と同様、巨大で威圧的な姿である。私は馬の危険な歯を見たことがある。私が意識的に恐れるのは、父ではなくてむしろ馬のほうである。それには利点がある。馬は父よりも避けるのが容易だからだ。

親に対する私の怒りは、急進的な政治的立場に転じうる。親はその権威で私を縛り付ける。政府もまた権威である。私は反抗心を政府に対して差し向ける訳だ。心のやすらぐ母に対する切望は、ある種の食べ物への愛着となりうる。（マッシュポテトや暖かいカスタードが「心のやすらぐ食べ物」と呼ばれるのは偶然ではない。）

一次過程には時間の観念がない。過去も未来もない。二〇年前に危険だったものは、今もまだ危険である。もし私が今苦しんでいるなら、私はいつまでも苦しむだろう。もし、私が昔、悪しき考えや行いゆえに両親に罰せられることを恐れたとすれば、その処罰の恐怖は両親の他界後もずっと衰えないままになる。精神力動的セラピーの目標のひとつは、重要な事項を一次過程の領域から引き出して二次過程の領域へと移すことである。このような恐怖に苛まれた私が心理療法を受ける際には、もしもはや何も恐れるものは無く、私を処罰しようとする権威者も居ないことを私が（深く）学べるならば、セラピストと私は満足することになる。

一次過程の領域では、空想と現実との間、つまり願望と行為との間に区別がない。もし私が父親の死を望めば、実際に彼を殺したのと同じく罪深いかもしれない。万一全く無関係の原因で父親が実際に亡くなったりしようものなら、私は自分が父親を殺害したと確信し、深刻な罪悪感に苛まれる。同様に、仮に自分が思う悪しき喜びを望んだら、それを実際体験したのと同じく罪深いかもしれない。フロイトの考えでは、無意識的な願望にまつわる罪悪感は、実際の行為にまつわる罪悪感よりも強力で破壊的である。皮肉なことに、ほとんどの人にとって、罪悪感は現実になってもならなくても同様に重くのしかかるが、空想における**喜び**では、現実になったときほどの満足は得られない。

多分最も重要なことは、一次過程が「快原則」に従って機能するということである。快原則は**快**を！**直ちに**！要求する。これは二次過程が従う「現実原則」とは正反対の代物である。フロイトの考えでは、幼児は欲求（need）を覚えると、それを満たしてくれる食べ物なり出来事なり人物なりを想像する。まもなく彼らは、欲求を満たす方法としてこれでは不適当と学習し、欲求を満たすには、外的世界つまり**現実**のルールに注意を払い、学ばねばならないことを見いだす。ミルクを想像するだけでは餓えは癒やせない。母親の存在を想像しても、十分な安らぎを得られるものではない。赤ん坊は、欲しいものを手に入れるには現実世界を操作する必要があることを学ぶ。これが現実原則の始まりである。

子どもが成長するにつれて、この原則はますます洗練されてくる。現実原則の支配下で子どもは、**満足の延期**の利点（時としては**必要性**）を習得する。小学二年生は、今小さなチョコバーをもらうか、明日大きなチョコバーをもらうか、どちらがいいかと尋ねられたら、今もらえる小さい方を選ぶ子が多い。彼らは、喜びは待ったなしで**直ちに**！という快原則の影響のもとに動いているのである。他方、小学三年生は、待って大きなチョコバーを手に入れるのを選ぶ子が多い。七歳から八歳の間に子どもは満足の延期の利点を学ぶのである。

現実原則を身につけていくにつれ、子どもは帰結を見積もることを学ぶ。宿題はやる気がしないが、教師の不興を買ったり処罰されたりしないよう選択するのである。後述の通り、快追求行動を最も強力に抑制するのは、良心に罰せられる恐怖、つまり、罪悪感の恐怖である。私が無力な相手に危害を加えるのを踏みとどまるのは、良心が私に課している重い呵責を自覚しているから以外の何ものでもないのがしばしばである。フロイトの考えでは、このために文明生活が今よりも破壊的で危険にならずにすんでいるのである。

成長するにつれて、私たちは、ますます高度で複雑な問題に現実原則を適用するようになる。科学者であれば、比較的はやく簡単に完成しうる研究プロジェクトを退けて、代わりにより挑戦的なものを選択するようになる。運動選手、ダンサー、歌手であれば、卓越した水準を満たすべく、長年の厳しい修練をくぐろうとする。

フロイトは、性衝動について快原則と現実原則との関係で興味深い観察をおこなった。性衝動は他の衝動のいくつかとは異なって、独りで充足可能であり、現実検討や満足の延期または結果への関心を必要としない。そのため、ある人々にとっては、性衝動には他の衝動よりも現実原則の支配が及ばないことになり、大きな苦痛や困難を招きがちとなる。その困難はさまざまである。満足の主要手段として自慰をやめられなくなる者もあるし、少し考えれば帰結がわかりそうな、破滅的な性的冒険に導かれる者もある。恐らくはこれが性行為感染症の蔓延阻止がかくも難しい理由である。多分この概念は飢餓衝動を含む他の衝動にも拡張可能であり、摂食障害の蔓延と頑強さの解明にいくぶん役に立ちうる。

快原則は、**快を！直ちに！**であり、現実原則は、**少なめでも、あとでより間違いのない快を！**である。現実原則を身につけることがなければ、私たちは絶え間なく深刻な困難の中に置かれるだろう。満足を延期したり、帰結を見積もったり、現実を評価する能力がなくなってしまうであろう。

快原則と現実原則との間にはいつも主権争いがある。ロバート・ルイス・スティーブンソンが、フロイトの業績を知らずに『ジキル博士とハイド氏』を著したのは驚くべきことである。これは快原則と現実原則の魅惑的な物語に他ならない。文明生活からの圧迫を感じていたジキル博士は、ある薬を考案する。その薬を使えば、快原則の衝動、つまり私たちみんなの無意識に存在する衝動を行為に表すことになる。ジキル博士は、ロンドン社会で散見される優しい紳士である。しかし、彼の無意識の衝動がひとたび解放されると、その衝動は即座の満足にしか関心がないことが明らかになる。衝動は、遅延を認めず、そして困ったことに、他者の幸福には無関心である。ジキル博士がその薬を飲むと、残酷で完全に自己本位な怪物であるハイド氏に転じ、彼の性的で攻撃的な衝動の抑制がなくなる。

こうしてみると、一次過程の世界は酷いものに聞こえ、抑制がなければ、ハイド氏のように破滅的なものとなりかねない。ところが、これにはもうひとつの等しく重要な面があるのだ。一次過程の領域には、私たちの詩的で創造的で遊び感覚に満ちた原材料が格納されている。純粋な二次過程の世界というものがあれば、それは実に不毛な世界であろう。フロイトは、芸術家とは一次過程の領域を探索し、そこで発見したものから芸術的なまとまりを造ることができる者であると講じた。同じことが、情熱的な恋人や想像力に満ちた話し相手にも当てはまることを、フロイトは付言したかもしれない。

フロイトの元来の着想では、精神は三つのシステム、すなわち、**無意識**、**前意識**、そして**知覚できる意識**から構成されている。私たちはすでにそのモデルに、客間、玄関ホール、そして番人という構図で出会っている。無意識系（玄関ホール）は、一次過程と快原則の領域であり、意識系（客間）は、二次過程と現実原則の拠点である。これは、抑圧について、また意識と無意識の関係について考えるには良いモデルだったが、精神に関する完全な理論には別のモデルが必要であることがフロイトにとって最終的に明らかとなった。彼は、人間の精神は執拗かつ不断の葛藤にあるものと常に見なしてきたし、フロイトにとって臨床例を扱う最善の方法は、元来の三つのシステムではなく、しばしば争い合う三つの作用主体（agent）に分ける精神の構図であると思われた。この最終版のモデルでは、それらの作用主体のひとつは、一次過程と快原則の法則の下で作動し、もうひとつは二次過程と現実原則の法則の下で作動する。この最終版の構図における精神の三つの作用主体は、**イド**、**自我**、そして**超自我**である。

イドは、性的なものや攻撃的なものといった本能欲動の貯蔵庫である。イドは、まったく無意識的で、まったく社会性がない。イドは常に快原則に基づいて作用し、欲動の完全かつ即座の満足を要求する。イドは帰結、理由、分別などを気にかけず、他者の幸福にも関心がない。ジキル博士の薬によって解放されたのがイドであり、その結果のハイド氏はイドのおぞましき暴走の姿である。イドは、快原則に基づいて作用するのに加えて、一次過程の法則に従い、およそ時間や相互排除の観念と無縁である。

超自我とは、私たちの良心に他ならない。超自我は、私たちが、両親や社会の規範や禁止を自らの心に取り入れたことを表す。そもそも私たちが恐れたのは、イドの衝動に屈すれば、両親からの愛と庇護を失ってしまうということだった。自らの中にそれらの規範や禁止を取り込み終えた後は、私たちは、超自我からの攻撃、すなわち**罪悪感**という新しい帰結を覚悟せねばならない。超自我のある部分は意識的であるから、私たちは良心が何を許し、禁ずるかについて多くを心得ている。しかし、超自我の大半は無意識であり、それゆえに無意識的な罪悪感という、私たちの最も困難で破壊的な問題のひとつを引き起こす。

自我とは、執行管理機能である。自我は、イド、超自我、そして外界の間の調停という割の悪い職務を担当している。自我は、二次過程と現実原則の法則に従って作用する。イドとは対照的に、帰結を考え、トラブルを避けるためにまたは後により大きな満足を得るために満足を先送りすべく最善を尽くす。フロイトの言うように「イドがむき出しの情熱を表すのに対して、自我は理性や分別を表す。(原注3)」

外界との渉外担当は自我なので、イドがその情熱を満足させるためには、自我の助力を取り付けねばならない。それゆえ、自我はイドからの継続的な圧力を受ける。自我はこれに加えて二人の主人に仕えなければならない。自我は、イドが命じる行動が外界で危険や処罰に見舞われないか、そして、超自我による処罰つまり罪についての心痛から免れられるか、を判断せねばならないのである。自我はまた、客間と玄関ホールのモデルにおける番人として機能し、抑圧とその他の不安に対する防衛の仕事に就く。こうした防衛機制を担当する自我の部分は、無意識にある。

フロイトによれば、精神的な健康は、大部分が自我の強さや柔軟性に依存するものである。もし自我が賢明に仲介して、二人の内的主人に可能なかぎりの満足を与え、外的主人とも悶着を避けるなら、つまり自我が必要以上に抑圧せず、エネルギーの多くを喜びや創造的な生活に充当できるなら、人は文明生活の多くが受け継いでいる神経症から免れうる。私は以前に、一次過程の暗闇の世界を旅して、結果得られる諸発見を創造的に構成できることの重要性に言及した。フロイト派はこの過程を「自我に奉仕する退行」と呼ぶ。

ハイド氏は、抑圧の必要性を例証している。イドは、多くが未だ社会に未適合な衝動のごった煮であるから、最適な量の抑圧をしなければ、私たちは深刻な問題を抱えることになる。私たちは牢屋に繋がれるか、願望を抑制することが際限なく必要なのでひどく欲求不満にさらされるかになろう。抑圧が過小なのは良い状態ではない。ならば過度の抑圧はどうだろうか。これが本書の著者にとって問題であることは確かだが、恐らくは読者各位にとっても同様と思われる。フロイトは、過度の抑圧は文明社会の構成員のほとんどの状態だと考えた。過度の抑圧には、数多の深刻な代償が伴う。

1　もし、抑圧された衝動や願望、抑圧された心のオーガナイジング・プリンシプルが皆、意識のコントロールが及ばない、自我の目の届かないところで暗躍するならば、私はそれらをどう扱い、どう働きかけるべきかを選択する術もない。それらが、たとえば五歳の子どもには適切でも大人には適切でないことを自らに注意喚起することもできず、現実原則を適用して、短期的苦痛をむしろ選ぶという判断もできない。こうして私の生活は、もはや私に奉仕しないばかりか、見ることも変えることもできない、心のオーガナイジング・プリンシプルによって深刻に制限されてしまう。

2　考えというものは、抑圧されると、その情緒的な力を目一杯、永遠に保ち続ける。何年も前に危険だったことは、抑圧されている限り、等しく危険視され続ける。

3　抑圧された願望や衝動は表現を求めて圧力に晒されており、抑圧を維持するには心的エネルギーの傾注が必要である。自我の仕事には、愛、仕事、遊び、そして学びを含めて人生を組織化し、焦点づけ、そして履行することが含まれる。それだけでも相当な仕事量であるが、自我がこれらの仕事のためにより多くのエネルギーを用いることができ、抑圧のためにはより少ないエネルギーが流用されると、私には好都合である。さもなければ、大勢が見張りに立ち過ぎて戦闘員が残らない軍隊のような憂き目に遇う。

4　抑圧された考えは類似の考えを抑圧に引き込むため、抑圧されたものの領域は拡大する。学習の法則を研究する心理学者は、これを**刺激汎化**（stimulus generalization）と捉える。赤い光を見ればボタンを押すように教えられると、濃いピンクの光を見せられた時に、ボタンを押す公算が大きくなる。私が子どもの頃、両親に対してずけずけ主張するのは危険と学習し、それで私は主張衝動を抑圧した。長じて主張するほうが適した状況に直面したが、私には、昔の衝動と危険なまでに似ていると感じられたので主張衝動を抑圧した。かくして、主張することへの私の恐怖は次第に広い状況に拡大し、ますます抑制的になっていった。

最初に無意識的な精神内界の存在と重要性を発見したとき、フロイトは、すべての精神内界は意識的だと教えられたてきた同僚を相手に説明するはめになった。証拠を提供するよう要求されると、フロイトはお定まりの三種類を提示した。つまり、夢、神経症的症状、そして彼が**失錯行為**（parapraxes）（言いまちがいとそのほか類似のまちがい）と名づけたもの、である。

夢

フロイトは、夢は無意識への王道だとした。解釈者が、いったん夢の働きを理解すれば、最も重要な無意識的願望をも解明しうるという意味である。フロイトは、夢を無意識的な精神内界が存在する証拠としてだけでなく、治療のための主要な道具とみなした。以下は、『精神分析入門講義』からの例示である。

ある若い女性、ただし、結婚してからもう何年もたった女性の夢です。彼女は劇場で夫と共にいます。一階席の半分は完全に空席です。彼女の夫が彼女に言います。エリーゼ・Lも自分のいいなずけと共に来るはずのところだったが、悪い席――三席分で六二セント――しか取れなかった。そして当然この席を、彼らは取らなかった、と。彼女は、もしその席を取っておいても、それほど都合が悪いわけでもなかったろうに、と思います。（原注4）

夢の分析は、夢見手の連想を通じてのみ可能であり、夢見手の連想が隠された意味を明らかにしうるとフロイトが考えたことは念頭に留めるべきである。以下に、上記の夢見手の連想と解釈のいくつかを掲げる。

- エリーゼは、夢見手と同年齢で、婚約したばかりだったが、夢見手自身は結婚して一〇年だった。
- 夢見手は、先週急いで客席を予約したが、彼女が劇場に着くと一階の座席の半分は空席と判明した。**そんなに急ぐ必要はなかったのだ**。
- 六二セント：彼女の義理の妹は、六二ドルをプレゼントに貰ったものの、**このおバカさんは何を思ったの**

か、たいそう急いで宝石店に行き宝石を買おうとした。

- 三つの席：**夢見手自身は結婚してほとんど一〇年になろうというのに、最近婚約したエリーゼは、彼女よりもたった三カ月年下に過ぎない。**
- **解釈**：こんなに結婚を急いだ私は、愚かだった。エリーゼの例を見れば、**私**ももっとゆっくり夫を手に入れたってよかった。そうしたら一〇〇倍も良い夫を手に入れられたかもしれなかったのに。（六二セントと六二ドルの間の関係[原注5]）。

神経症的症状

無意識的な精神内界を仮定せずに、自己破壊的な行動を説明するのは難しい。人は、自分の生活をみすみす損なうような行動、態度、そして制止を採用するが、彼らは、自分に対してどうしてそんなことをしてしまうのか正直全く見当が付かないと報告する。フロイトは、以下の事例を挙げている。

ある一九歳の女性は、終わるまでに何時間もかかる一連の就寝儀礼を次第に作り出し、彼女と両親を絶望へと追いやっていった。彼女は儀礼について譲歩できず、それどころか完璧にこなさなければならないと絶望的なほどに感じている。たとえば、枕はヘッドボードにつかないように正確に置かれなければならない。かなりの長期間にわたる精神分析を行った後にフロイトと患者は、ヘッドボードが男性を、そして枕が女性を象徴するものであることを見出した。そして彼らが発見したのは、儀礼は、母と父がお互いに触れてはならないという禁止命令を象徴するものであることだった。確かに、このような儀礼をし始める前、幼い子どものころ、表向きは彼女の不安をなだめるために自分の部屋と両親の部屋の間の扉をあけたままにしておいてと主張していたことがわかった。実際、彼女は監視して、そしていかなる性的な行為も予防できるようにしたかった。分析で次第に明らかになったのは、乳幼児期から、父親に対しては性愛的愛着に、そして母親に対しては怒りに満ちた嫉妬に、支配されていたことだった。(原注6)

失錯行為（Parapraxes）

フロイトの失錯とは、舌やペンが滑ること（slip）、種々の失念やしくじり行為を意味する。彼は、こうした現象に魅了され、失錯が無意識の働きを見えやすくするものであることを発見した。フロイトはその経歴の初期段階で失錯の事例を集め、『日常生活の精神病理学にむけて』として著した。無意識という考えを初心者に紹介するのに、失錯は明確かつ説得力ある方法だと考え、『精神分析入門講義』(原注7)の冒頭をこの現象の長い叙述で始めた。

フロイトの失錯の理論は、ここまで読み進めてこられた読者にとっては驚くにはあたらないだろう。人は、何かを言おうとしたり、思い出そうとしたり、しようとしたりして、何某かを意図するが、そこには競合する意図が存在し、番人はそれを検閲しようとする。否認された衝動は圧力に晒され、こうして拒まれた衝動は表現手段を求めて失錯を引き起こすのである。以下は、『日常生活の精神病理学にむけて』からのフロイトの例のひとつである。

フロイトとある友人は、反ユダヤ主義について嘆いている。とりわけ友人は欲求不満を感じていた。彼は、激情に駆られた弁舌を、不幸なディドがアエネアスに捨てられて彼女への復讐を後世に委ねる、有名なウェルギリウスの詩句で締めくくった。むしろ、締めくくろうとしたというべきだろう。彼は、引用のすべてを覚えてはいなかった。彼が引用しようとしたのは、「我が灰より復讐者となって現れ出でんことを」である。しかし、彼は「だれか（aliquis）」という言葉を省略しそれを埋め合わせられなかったが、その引用は彼が学校時代以来記憶していたものであった。フロイトは、その欠けている言葉を埋め、そして記憶の隙間に対して連想するように彼に仕向けた。その友人は、初めはaliquisをaとliquisの二つの部分に分けたがった。そして、彼の連想の鎖が生まれた。**「聖遺物**（Relics）、**流動化**（liquefying）、**液体化、液体、聖ヤヌアリウスと彼の血の奇跡。」**フロイトが質問して、友人が答える。「聖ヤヌアリウスの血がナポリのある教会のガラス瓶の中に保存してある。そして決まった祭日にそれは奇跡的に液状化する。人々はこの奇蹟をとてもありがたがって、これが遅れたりしようものなら大騒ぎになる。実際それは、フランス軍による占領時代に一度そうなった。そこで、ひとりの司令官が…聖職者である紳士を脇に連れていき、これでもか、と言わんばかりの身振りで外に整列している兵士たちを指差して、奇蹟がすぐに起こることを望むと告げた。そして、本当に奇蹟は起きた。」彼は、困惑で詰まり、フロイトは続けるように促す必要があった。「ええ、それなら、急にある女性のことが思い浮かびました。この女性が彼女と私の二人にとって実に不快なことを知らせてくるんじゃないかと思うのです。」

フロイト：「その女性の月経が止まったということですか。」

「どうしてそれがわかりましたか。」

「思うに……決まった日に血が流れ始めること、起こらないと大騒ぎになること、奇蹟は起こらなくてはいけないこと、さもないと…。実のところ、あなたは聖ヤヌアリウスの奇蹟を女性の月経についての見事な暗示へと加工していたのです。[原注8]」

この例は、無意識の精巧さを例証する点でとりわけ有用な例だと思う。フロイトの友人は、子孫に仇をとるよう頼むつもりだった。そのことは彼の意識的な意図だったが、子孫がほしいという考えによって、実は今、彼はそのような願望に惚けている場合ではないことに気づかされた。現況では子孫を残すなどもってのほかだった。彼の恋人が妊娠するのではという恐怖は無意識に留まり、その恐怖は無意識からの表現として、「だれか」という言葉、つまり彼の望まない子孫である「誰か」を締め出した。ひとたび無意識が連想と戯れることが許されると、フロイトがその度忘れを解釈しうるような創造的な道筋を作り上げたのだ。

本章では、無意識の性質に係ることと、無意識によって私たちがいかに動機づけられるかを見てきた。次の二つの章では、そうした無意識的な動機が最も力強く途方もない領域、すなわち性衝動の領域に移る。

フロイトの著作の英訳者であるジェームズ・ストレイチーは、フロイトの性衝動についての主要著作の翻訳を次のようなことばで紹介している。「フロイトの『性理論のための三篇』(原注9)が、彼の『夢解釈』と並んで、人知への最も斬新かつ独創的な貢献であることは疑いない。」これは私には公平な評価だと思われる。幼児性欲、精神‐性的発達、神経症の原因としての性の役割、そしてとりわけエディプス・コンプレックスに関するフロイトの研究は、私たちの人間観を想像できないほど変貌させた。

第3章　精神-性的発達

人類がかくも長きにわたって子どもは性に興味のない存在であるとみなしていられたことは驚くべきことである

――フロイト『精神分析入門講義』

フロイトの『性理論のための三篇』が出版される前、性欲は思春期になってから生じるということがヨーロッパの社会では当然のこととして受け入れられていた。無邪気で純粋な子どもたちに性にまつわる願望やファンタジーや快があるなど考えられなかった。さらに、そのようなファンタジーが両親に関係する場合があるということは、なおのこと考えにくいことだった。フロイトの本の反響が西欧を揺るがしたのは驚くことではない。フロイトの主張には、主に二つの含意があった。つまり、子どもの性にまつわる願望やファンタジーや快は、ほぼ誕生と同時に始まり、ほんの短い期間を除いて、その人の一生を通じてあり続けるということ、そして子どもや大人の情緒的な問題は、乳幼児期の性にまつわる生活に由来することがとても多いということ、である。

フロイトは「多形倒錯」という語句を用いて子どもの乳幼児期の快について記述している。乳幼児期の快は性器以外の器官から得られる。このことによって、フロイトは性倒錯者といわれる大人が優先的に選択するようになるあらゆる身体的な快は、幼い子どもが体験しているものに含まれていることを示している。フロイトは、このような身体的な快を性的であるとみなすのは全体としてみると正当なことであると力説しているが、それはこのような身体的な快が大人の性の根源を明らかに包含しており、人生の比較的早い時期に性器的な快、そして他の人と接触したいという願望を中心とするからである。

フロイトのこれらの見解は、彼の無意識に関する見解のように、際限のない時間をかけて患者たちの話に耳を傾けていたことから生成された。フロイトの患者たちは「自由連想」をした。自由連想では、患者たちは心に浮かんだすべての考えを、たとえそれがそのときに無関係であったり、ばつの悪いものであるように思われても、口に出すよう最大限の努力をした。フロイトやその同業者たちは、しばしば沈黙したままで何時間、何日、何年にもわたって座って耳を傾けていた。来し方行く末の人間関係で、だれも、親も恋人も、僧侶も医者も、こんなふうに、こんなにも長い時間をかけて耳を傾けることはありえなかった。セラピストという者には、それまでにはだれも聴きえなかったり理解しえなかったりしたことが聴こえたということは意外なことではない。

こういった連想や患者たちが思い出した記憶をもとにして、フロイトは以下のような仮説を導き出した。つまり、子どもの性衝動は人生の最初の十三年ほどの中で連続している発達段階に通底しており、各発達段階はその時期ごとに異なる身体の部位に夢中になることによって特徴づけられているという仮説である。この過程、つまり、これらの段階に対する両親の反応とそれについての子ども側の対処法は、生涯を通じて影響力をもつとフロイトは主張している。

子どもの養育責任者が、性的な願望やファンタジーは禁止されているのだと子どもに対してほぼいつも示しているため、心の番人は性的な願望やファンタジーを意識から排除するよう命じられるのである。こうして、性的願望やファンタジーは、無意識において重要かつ特に影響力を持つ部分となり、無意識的動機の主な源泉となるのである。

あるクライエントは、人格を否定されたことに反応して、近くのアイスクリーム店に行ってホイップクリームをトッピングしたLサイズのサンデーを食べた。

別のクライエントは、とんでもなく混沌としためちゃくちゃなマンションの部屋を片付けようとして、たくさんの時間と労力を費やしたが無駄に終わった。

ある男性のクライエントは、親密な関係を望みながらも人付き合いのない生活を送っており、スポーツカーとカメラの収集に熱中していた。（喜劇俳優のモート・サールはかつて「腕時計と速い車を愛でる人はみんな他人を必要としないのさ」と言った。）

精神 - 性的発達の視点で考える訓練を受けていなければ、誰でもこのような行動に当惑するだろう。フロイトの理論は光明を投げかけるのである。

フロイトが精神 - 性的段階について彼の理論を出版したのは、ほぼ百年前である。二十一世紀に入って、精神力動的な理論家の中でも、精神 - 性的段階の理論に対しては、その態度に幅が出ている。確かに、今やすべての臨床家は、乳幼児期の周囲の人々との関係がその後の発達に多大な影響を有すると考えている。また、乳幼児期の対象関係と乳幼児期の相互作用のパターンについてのより最近の理論は、フロイト独自の欲動理論への不可欠な追加事項であることも疑問の余地がないことである。フロイトはこのような追加事項を歓迎したであろうと、つまり、彼自身の仕事の延長線上には紛れもなくこの方向があったであろうと思われる。

今日の論争は、強調点に関する問題に集中している。より正統的な精神分析研究機関の学生たちは精神‐性的段階の優越性を今なお教えられている。「対象関係論」の研究機関では、これらの段階については話題にされるがさほど強調されない。セラピストとクライエントの関係性の中心的な治療的重要性を強調する研究機関、つまり「関係性」の研究機関は、ますます増えてきているが、そこではさまざまな見解を合成する取り組みが、年々創造性を増している。依然として相違があり続けているにもかかわらず、いくつかの基本的な考え方においては合意が形成されつつある。セラピストのほとんどが、今や幼少期の性の承認を大きな貢献とみなし、心理学的な困難をある特定の成熟段階における問題の残滓として理解している。フロイトの臨床的な観察とそこから導かれた精神‐性的段階についての理論は、注目に値する、洞察に満ちた、この姿勢の源であり、したがって彼の理論を理解するのは今でも大切である。

フロイト派によるタイプ分けでは、子どもたちが通過する各段階において、身体のある部分とそれに関連づけられる活動がとりわけ重要になる。その一つの側面が、ある身体部位によってもたらされる快である。その段階は、以下のとおりである。

- 口唇期（誕生から約十八カ月まで）、
- 肛門期（十八カ月から約三歳まで）、
- 性器期とエディプス・コンプレックスⅠ（三歳から約七歳まで）、
- 潜伏期（七歳から思春期まで）、
- エディプス・コンプレックスⅡ（思春期）、および
- 性器期（思春期以降）

これらの段階は、個人の人生において出し抜けに終わって始まることはない。むしろ、各段階は次第に収束していき、次の段階と重なり合う。進行表もおよそのものであって、多様である。各段階は重なり合うだけではなく、無意識かつ秘密裡に次に続く段階の背景として動き続ける。

フロイトは、当時の生物学の発展に強く影響され、生物学者のように思考する傾向があった。したがって、彼は精神‐性的発達を個人における本能の発現ととらえていた。フロイトの後継者たちが成した仕事の多くはフロイトの仕事をさらなる対人的文脈に置きなおすことである。本能というものがあることは疑いのないことである。それをどのように分類するのが最良かについては、果てしなく意見が相違しているが。同様に、ある水準においてもともと備え付けられている成熟の進行表があるということは疑いのないことである。しかし、その途中のところどころで、発達途上にある子どもは新しい対人的な難問や課題や反応に出くわす。それぞれの本能は、このような難問や課題や親の反応によって明確な形を与えられる生の素材として使用される。この過程は、成長しつつある子どもに強い影響を与える。このようにポスト・フロイト派が人間関係を強調すること——子どもの早期の「対象関係」を強調すること——は、概してフロイトの理論を、精神‐性的発達理論もその例外ではないが、大いに豊穣なものとしている。

両親がどのように反応するかによって、各段階が子どもにとって満足のいくものに、そして両親にとって興味深いものになりうるし、反面、困難なものにも、おそらくは非常に困難なものにさえなりうる。各段階が満足のいくものであるか困難なものであるかは、親の反応の特定の様式と同じく子どもには永続的な影響を与える。

固着と退行

フロイトの心のモデルには、ある方向性を持ち、そしてその方向を変えることができる一定量の精神的エネルギーがあるという考えも含まれている。この考えは、種々の精神 - 性的段階を考慮するときに念頭に置いておくべき特に重要な概念である。（フロイトの原著の英訳者であるジェイムズ・ストレイチーは、このエネルギーの名前として「備給 cathexis（カセクシス）」という単語を発明した。）このエネルギーが大量に、ある考えや願望や記憶に向けられると、その考えや願望は二つの特徴を引き受けることになる。つまり、その考えなり願望なりが重要なものになって、そこに情動がこめられるのである。子どもは各精神 - 性的段階に順に入ると、膨大な量のエネルギーをその段階での願望や快に注ぐのである。通常の発達では、段階を進むにつれて、ある量のエネルギーを撤収して次の段階に向ける。固着は、後方に著しい量のエネルギーがとり残されていることを指す。無意識においてある人が固着している段階には、その段階にもともとあった重要な意義と情動が保たれている。このように、そこは、進んでいくことが困難な場合に**退行**できる心地の良い心の場所である。

退行は、ある人が欲求不満であったり、脅かされているときに固着の地点に戻ることである。固着が、ある精神 - 性的な段階やある関係に対してなされるように、退行はそのどちらへも私たちを引き戻しうるものである。（退行に関しては、精神 - 性的発達について話題にした後でより詳細に検討する。）

固着は、親の反応が最適ではなかったときに子どもへの影響が続くことをフロイトが記述する方法である。ある段階における子どもの経験が非常に外傷的である場合（または法外に甘やかされすぎている場合）、その期間に学習されたか推測されたかしたことがらは深く植えつけられる。固着は、早期の関係性についてもまた早期の関係性のある段階についても当てはまる。誰かが無意識的に両親との関係に固着しているのはよくあることである。そのように固着している場合、心的エネルギーのかなりの分量がその人を思い焦がれることやその関係に生じる痛みを取り除くことに割かれることになる。

早期の関係は非常に強力で、比較的曇りのない状態に刻まれるがゆえに持続する。もし子ども時代の固着が非常に強ければ、大人の関係が取り結べるようになるのは困難だし、成人して出会う人々は幼少期に会った人の身代わりではないととらえることが困難である。

伝説的なドンファンは女から女へと渡り歩いていて、彼の多様性への欲求は、見る限りは満たされることがない。この物語について精神分析的な観点から意見を述べるならば、彼が追い求めているのは、実際には多様性ではないということになる。ドンファンは母親への固着を表象している。つまり、彼が絶望的にかつ空しくも追い求めているのは母親なのである。

私のクライエントであるバーバラには、父親との間に情緒的な距離があった。彼女は、子ども時代を通じて、うまくいかないのに、父親の注意をひこうとし、父親と情緒的なつながりを築こうとした。その重大な関係性の剥奪と欲求不満が強力な固着を生んでいた。いまや彼女は、情緒的に距離のある恋人を次から次へと選んでいる。それは、冷酷な男性を最終的には彼女を愛するようにさせることによって先行する父親との関係に収まりをつけようとする無意識的な試みである。

幼児性欲

とても幼い子どもは、必要不可欠な身体的機能に関わることを通じて官能的な快を発見するようになる。それはまず、栄養を取ることである。口や唇や舌はとても敏感で、それらが受ける刺激は子どもにとって大きな快である。次に生じるのは排泄、特に排便である。肛門周辺の皮膚はとても敏感で快を与える力がある。最後に、子どもは性器とそれを刺激することによって得られる強烈な快を見出す。フロイトは、このような快をすべて自体愛的であると述べている。このような快を享受するには自分だけしか必要ないからである。

口唇期

子どもが最初に関心を抱くのは栄養を摂取することに関連しているので、口唇期が最初にくるのは驚くべきことではない。子どもは吸うことが、乳が出ない場合であっても、快であるとあっという間に学習する。このために指しゃぶりやほかの身体部位をしゃぶることが生じる。

口はまた最初に快の源泉となるようである。赤ん坊は、まず口を使って世界の探求を行うことがほとんどである。乳児期の欲求不満は口唇的なもの、つまり、飢え、渇き、そしてしゃぶる欲求が満たされないことである。口はまた攻撃性、つまり、噛むこと、叫ぶこと、そして泣くことのために乳幼児期から用いられる器官である。これらの快を通じて、子どもは至福が得られるのは完全に一人のときであることを学ぶ。他に誰もいる必要はない。授乳のためには母親が必要だが、親指か他の身体部位や毛布をしゃぶることも同じような快をもたらすのである。子どもが長じるにしたがってこれらの快は大部分抑圧されるが、大きな力を持ったまま無意識にとどまる。その後の人生において人間関係にまつわることが面倒くさくなると、誰も必要としていなかったときに戻りたいという強烈な誘惑が生じるのがなぜかを理解するのは難しいことではない。

養育者の反応

ずいぶん前に小児科で主流を占めていた助言は、決まった時間に子どもに授乳しなさいというものだった。子どもが、決められた授乳時間より三時間前におっぱいや哺乳瓶を求めて泣き始めたら、その子は三時間泣き続けていたのだ。私自身もそのように育てられたが、お勧めはしない。その後、優勢な見識は「求められたときに」

授乳するというものに変わった。子どもはお腹がすいたら授乳された。これら二つの状況のもとで世界についてどんな教えがなされたのか、想像するのは難しくない。時間どおりに授乳することで、子どもには自分の興味や欲求は他人の都合よりも重要ではないということを早い時期に、それゆえ強力に伝えることになる。一方、求められたときに授乳することで、子どもは、自分が必要としているものを求める権利があり、その欲求はたいてい満たされるであろうと信じてよいと学ぶことになる。時間どおりに授乳することで、子どもは世界において有している権利については悲観的になりやすいだろうし、求められたときに授乳することで、子どもはより楽観的になりやすいだろう。

養育者は、指しゃぶりのような栄養を取ることが目的ではないしゃぶる行為に対してさまざまな種類の反応をしうる。放っておいて子どもがそこから成長していく方法を見出せるようにさせることもあるだろうし、止めさせようとして厳しく制限を設けるかもしれない。そのような制限には、子どもの手を結えるとか、親指に小さなカバーを付けるとか、子どもに悪いことをしていると教えるとか、その子を罰するということが含まれる。これらは子どもが、快を得ることに対する養育者の態度について最初に学ぶ訓戒である。子どもは、これをあらゆる快、特に身体的な快に対する態度であると推論する。

口唇期の養育者の反応についてのもうひとつの大きな問題は、離乳である。早いのか遅いのか？　厳然とするのか徐々にするのか？　子どもに沿ってか、親の意向でか？　これらの問に対する答えは、子どもが生まれてきた世界について子どもに教えることが含まれており、そして、あまりにも早い時期にこういったことがらが生じるので、とてつもなく大きな影響を与えやすい。

口唇期への固着

口唇的な固着をしている人々は、深刻な摂食障害、拒食、過食嘔吐、食べ過ぎなどに陥るかもしれない。というのも、このような人々はストレスに曝されたり孤独を感じると食べる傾向にあるからで、受身的かつ依存的であるかもしれない。彼らはオーラルセックスをほかの性的な行為よりも好むかもしれない。口唇的に攻撃的であるかもしれず、このことは成人にとってはおそらく言語的に「嚙みつく」ことであるが、子どもにとっては文字通り嚙みつくことを意味する。口唇期への固着が強い人々は自身の受身性や依存性のために、自分自身にとって（親しい人々にとっても）たいへんな苦悩を体験しうる。穏やかな口唇的固着は、普遍的といってもよいほど、ありふれているようである。試験を受けている大学生でいっぱいの教室を見ると得るところが大きい。実際に指しゃぶりをしている学生を見ることは稀だが、指しゃぶりの代替行為はよく見られるだろう。

肛門期

生後二年めになると、子どもは大便と排便にかなりの興味を示す。排便には快が伴うし、排便を我慢することにも快が伴う。これらの快に加えて、養育者が意図せずに子どもの排便に対してとるふるまいから、子どもはしばしば、大便は贈り物であって贈与したり贈与を保留したりすることができるということを学ぶ。排便は人間関係における大きな関心事になる。つまり、この機能について両親は、子どもの利益にその時点ではそぐわなさそうな目論見を抱くのだ。

フロイトは患者の連想から、この時期にはサディズムが出現すると考えるに至った。実際、フロイトはこの時期を「肛門サディズム期」としばしば呼んでいる。この時期は、子どもが社会化という制限があることによって怒りをあらわにする時期であるようだ。この年代の子どもは、歯が生え、そのために嚙むことによって傷つける力を持つようになる。それだけでなく、成長して強くなっていき、身体的な力を感じるようにもなる。この段階のうちに、性的な本能と攻撃的な本能が関連するようになる。この関連は、のちに完全に抑圧され無意識に留まるかもしれないし、または、多くの人々においてそうであるように、少なくとも部分的には意識に残って、サディスティックかつマゾヒスティックな性的幻想と性的行動に至らしめるかもしれない。

養育者の反応

大便や排便に対する養育者の態度は、強力な教えとなるものである。子どもは、身体やその機能や身体が創り出すものが自然で嫌なものではないと学ぶかもしれないし、不快で恥ずべきものだと学ぶかもしれない。トイレット・トレーニングも、強力な教えとなるものであり、社会において生きるために教えられることの一つの重要な例である。トイレット・トレーニングは、早すぎると厳しいものになりうるし、子どもがもういらないと判断するまで口を挟まずにおむつをさせておくことによって必然的に存在しないものになりうる。または、そのあいだのどんなものにでもなりうる。早すぎて厳しいトイレット・トレーニングであれば、子どもが教えられるのは、ものごとは子どものやり方ではなく養育者のやり方で行われるということである。トイレット・トレーニングがゆったりとしているか存在しない場合には、養育者が子どもにものごとを解決する能力があると確信していることが示される。

大半の子どもにとって、自分の快を求める性質と養育者の望むこととの間には深刻な葛藤があるということを学ぶのがこの時点である。のちにこの葛藤を内在化するという発達が重要であることは、強調してもしたりない。フロイトは仲間のルー・アンドレアス・ザロメの論文に賛同して引用しつつ以下のように言及している。

それは子どもに迫りくる初めての禁止の物語、肛門の活動およびその活動の産物である快の禁止の物語、この物語はこの子のこれからの発達全体にとって決定的なものになる。この幼い子どもはこれが契機となってまず第一に、自らの欲動の蠢きに敵対する周囲世界があることを予感するにちがいなく、それを機に自分自身をこういったよそよしいものから区別することを学び、そしてその後、快を得る可能性について最初の「抑圧」がなされるにちがいない。「肛門的なもの」はそれ以来、拒絶するべきすべてのもの、生の営みから分離するべきすべてのものの象徴となる。(原注1)

肛門期への固着

肛門期への固着はさまざまな様式をとる。もっともよく見られるのは強迫的であることとである。子どもは「ものごとを在るべき場所に置くこと」や順番通りにすることができないのは、責められるもとだと学ぶ。それゆえ、子どもは不安の度合いを、自分のまわりを秩序立てて管理し続けることによって低くしておこうとする。強迫性の特徴は強さによっていろいろである。生活をきちんとしておくために必要な標準量というものがある。(高等教育では、ノートを整理して取るとか授業に遅刻しない程度の強迫性がないと成果を出すことができない。)連続体の一方の端には、完全な強迫性障害がある。この場合、衝動強迫と強迫観念がその人の生活を深刻なまでに妨害する。フロイトのもっとも有名な患者の一人は、愛する人たちに何か恐ろしいことが起きるという苦痛に満ちた心像をぬぐい去ることができなかった。彼は時折、「しなくてはいけない」という些細な衝動強迫に悩まされていた。(「あの石を道からどかさないといけない。……ああ、間違えた。戻ってあの石を元どおりに置かなくてはいけない。」)

肛門期的に固着した人は、たいてい(おそらくいつも)相当周到に避けている汚物やふしだらであることや無秩序を、無意識的に望んでいる。私は、人格の成長を目指すグループをいくつか運営していたのだが、それらのグループに出席するのは紋切型の、中産階級の中年の人たちで、そのほとんどは上品できちんとして行儀がよいのだった。そのグループでのお決まりの活動のひとつが、フィンガーペインティングのセッションだった。そのセッションは見ていると(または参加すると)得るところが大きいし、楽しいと白状しなければならない。参加者は、繊細に注意深く絵具を指で紙に広げ始めるのだが、まもなく嬉々として自由奔放になって、絵具を自分に、そしてお互いに塗りつけあうことになる。その後、典型的に報告されるのは、子どものときでさえこのような束縛されない楽しみを体験することをよしとしていなかったということである。

フロイトは、肛門期への固着がある人たちは「行儀よく、倹約家で、頑固だ」と述べている。「行儀よく」はわかりやすい。子どもはどこでいつ排便するかが最初の大きな闘いであるということを思い出せば、「頑固」ということも確かに理解可能である。フロイトは患者の話を聴いているうちに、「倹約家」であることは、糞便とお金を無意識的に等価視している結果として理解するようになった。だれかが自分に出すようにと望んでいるときに自分の糞便を出さないでおくことは、お金を出さないでいることによって象徴されるようになるのである。ひとたび、これがコントロールすることに対する最初の大きな闘いであることを理解すると、この固着が反逆という形を、サディスティックな反逆という形すらをも取るのは、わかりやすいことである。

乾燥機付き全自動洗濯機が広く普及していることや紙おむつが使いやすくなったことが、どれほど私たちの文化を変えたか考えてみると興味深い。私が赤ん坊だったとき、おむつは旧式の洗濯機で手間暇をかけて洗われ、洗濯用ロープに干された（天気がよければだが）。母親が私にできる限り早くオムツが取れてほしいと願ったのももっともだと思う。現代では便利になったので、一九六〇年代にティーンエイジャーになった世代の親にとってトイレット・トレーニングはさほど急を要することではなくなった。このことは、私を含む一九六〇年代に成人していた多くの人が、子どもたちの服装や見た目や衛生習慣を、反感を抱きながら眺めていたことのひとつの理由であろう。

男根期

三歳前後に、子どもは性別による解剖学的差異にとても興味を示すようになる。おおまかに観察してみても、そしておそらくは私自身の子ども時代の記憶からも、この差異が子どもにとってかなりの興味と関心を招くことがらであるのは確かである。フロイトとその後継者たちは、彼らの患者にとってこの差異が重大な関心事であり続け、永続的な結果をもたらしていることを即座に見出した。

この時期にさしかかった子どもの頭をいっぱいにするのは、性別による差異だけではない。ペニスやクリトリスの刺激がもたらす多大な快も、である。その他の「性感帯」の刺激はまちがいなく充足的で、そうであり続けるが、この新しい快は一次的なものである。性別による差異が特に重要であると仮定されるときなので、ほかの人との性器による接触という空想が出現し始める。五歳ごろまでに子どもの空想生活はもはや一次的に自体愛的ではなく、ほかの人へと焦点づけられはじめる。ほかの人とはだれで、その空想がどうなっていくのかが第4章全体にわたる私たちの関心である。

養育者の反応

この時期に、養育者はクリトリスやペニスを刺激する快を覚えていく子どもたちと付き合っていかなくてはならない。この活動に対する養育者の反応は、罰や不吉な結末を予言する脅迫めいたものから完全な無視までさまざまでありうるが、その衝撃は永続的である。快はよくないものであると学ぶ子どももあるかもしれない。特にこの罪悪感は男の子によくみられ、深刻である。また性的な快は特によくないと学ぶ子どももあるかもしれない。自慰を止めようとして繰り返し失敗して自分の意思が弱いと思い込むようになり、そのために罪悪感の大きな供給源を作り上げる子どももあるかもしれない。これとは対極的に、親はこの種の快に対して反対してはいないようだと学ぶ子どももあるかもしれない。

百年前には、考えなしに男の子を去勢すると脅すことがありふれていた。これは、思うに依然としてあるが、たぶん前よりはありふれてはいないだろう。幼い男の子は自分自身で、特に脅されなくても、去勢の恐怖を持つようになると考えているセラピストは多い。確かに、幼い女の子がペニスをもっていないことを見たら、その子たちもかつてはペニスをもっていて、そして取り去られてしまったのだと推論するのはもっともである。そのようなぎょっとする発見をしないまでも、それは想像しにくい罰ではないだろう。ペニスの解剖学的な形そのものが、去勢という空想を起こさせやすいのである。たとえば、もし子どもが禁止されている何かを、金槌を使ってやっていると、その金槌は間違いなくその子から取り上げられるだろう。論理的に考えると、次の段階は想像に難くない。

幼い女の子はこの方法で脅されることはない。女の子は、そのような去勢がすでに起きてしまっていると空想するので、去勢を脅しとして用いることはできないし、これから起こる結果にまつわる恐怖を吹き込むために用いることもできない。しかし、子どもはみな、愛情と承認の喪失を恐れるようになりうる。このことが、女の子にとっての去勢不安の等価物であるかもしれない。

どちらの性別の子どもも性器の差異を男性の優位と女性の劣位の表れであるとみなすかもしれない。養育者の扱い方によって、これが加速することもあるし、長い時間をかけてこれがやわらぐ方向に向くこともある。

男根期への固着

男根期への固着は、子どもが自体愛優位の状態から人と人との間に生じるセクシャリティへ移行するのが不完全であるか、全く成し遂げていないことを表している。この固着はいろいろな形を取りうる。その子どもは、長じて自慰が最も満足のいく性交の形である人になるかもしれない。男根期的に固着した男の子は、愛情を交わすよりも、尊大かつ攻撃的にペニスを貫通と支配のために使うような大人になるかもしれない。彼は、人生のあらゆる局面で、自分のペニスを用いるのと同じ方法で自分の人格を用いるかもしれない。彼は、女性を価値下げし男性優位であることの優越感に浸る傾向にある。

男根期的に固着した女の子は長じて、劣等感をもった女性になるかもしれない。彼女は、受身的で男性に従順でなければならないと信じているかもしれない。彼女は反発し、世界における攻撃的で「男性的な」態度を装うかもしれない。男根期的に固着した男の子のように、彼女は女性を価値下げするかもしれない。彼女は、無意識的に自分が欠陥のあるのは母親のせいだと信じているので、母親に対して憤慨するかもしれない。

スポーツカーや単発機や銃器を特に好む人は、少なくとも男根期への穏やかな固着を有する傾向がある。深刻な男根期への固着は性的な充足を妨げる。その人は、完全に制止されているかもしれないし、性交における行為を単に機械的に、情緒的な接触なしに遂行できるかもしれない。

男根期への固着は、まず二つの様式で発生する。第一に、自慰にまつわる深刻な葛藤がこのような固着を生じさせうる。ジェイムズ・ジョイスは『若き芸術家の肖像』において、身の毛もよだつような地獄に脅かされるアイルランドの少年たちと、それによって少年たちが陥れられる葛藤を、苦おしいほどに描き出している。そこまで劇的ではない葛藤は、子どもや青年が自慰は道徳的でないし、不健康であると教えられながらも、どうしようもなく耽溺している自分がいることをわかっているときによく生じる。(少女は、少年に比べて、自慰に関して強く葛藤するようにはならないようである。) 第二に、子どもは、性器の差異を発見して心的外傷を受けることもありうるだろう。少女は、ペニスがないことは自分が劣っていることを意味すると考えることもありうるだろう。少年は、ペニスがない人たちがいることを発見して、これが自分にも起こりうることにひどく怯えるようになることもありうるだろう。すると、彼は用心深く臆病になることもありうるだろうし、攻撃的な男根的優越感によってこの恐怖から身を守ることもありうるだろう。

潜伏期

第1章において、この時期のはなはだしい性的な抑圧を見てきた。第4章においてさらに探索する。

性器期

フロイトは、性的な快を分かち合うという空想は、男根期に始まってたいていその最盛期を迎えるが、その空想が実際に見合うものとなるのは、実のところ思春期になってであることを述べた。彼は、この時期を性器期と名付けた。青年は、ペニスのヴァギナへの関係と、人と人との間でその関係が暗に示すことに特に関心を抱くようになる。これが、第4章の主題であるエディプス・コンプレックスが満開となる時期である。ここでは、前性器期段階には、進展している成熟をほのめかすものはないということを記銘しておくに留めよう。子どもが口唇期よりも肛門期において年齢が進んでいるという事実をのぞいては、口唇期から肛門期への進歩は成熟への一歩であるとはみなされない。フロイトにとって、成長への大きな一歩は、子どもが自体愛から性的な快を分かち合うという空想や欲望へと移ったときに訪れるのである。

このように精神 - 性的段階について吟味しているなかで、固着がどのように各段階において生じるかがわかった。記したように、固着のもっとも重要な側面は、それが**退行**つまり、より早期の段階や関係に戻ることで欲求不満や不安に反応することと関係しているという点である。

退行、再び

フロイトは、退行を以下のように記述している。のちの生活で正常なセクシャリティの発達を抑制するものがあれば、結果として幼児期のセクシャリティの様式が再現するかもしれない。彼は、この過程を「一つの河床になんらかの障害物が見られるとき、水の流れはせき止められ、そこから水の流れがなくなっていた古い流れに戻ってゆく」(原注2)ことになぞらえている。このように退行は、より早期の精神‐性的段階やより早期の関係性へ退却することで不安や欲求不満に対処することを意味している。

元来、これは特により早期の性的な調和へと戻ることに注目しているのだが、フロイトの後継者たちは、この概念を拡大している。たとえば、退行は今や、前に手放した依存を取り戻して独立独歩の姿勢を放棄することや、深刻な欲求不満の結果として子どもっぽい強引さへと戻ることを含むこともありうる。

退行と固着の間には、強い関連がある。ある段階での固着が強ければ強いほど、欲求不満にさらされたり不安になったりしている人はその段階へと退行しやすい。

フロイトは、固着と退行を次のアナロジーを使って説明している。移住する部族のことを考えてみると、あちらこちらに移動しながら、とどまった場所に大きなグループ(分遣隊)を残していることがある。先に進んでいるグループは、困難に陥ったり、危険な敵に遭遇したら、仲間を残してきた場所へ落ち延びていくだろう。しかし、あまりに多くの人数を後に残していたら、対立勢力に遭遇したときに打ち負かされる危険性がより高くなるだろう。(原注3)愛情関係の問題に遭遇する人は、男根期へと退却し、複雑な人と人との関係における愛情よりも自慰のほうが安全で満足できると知ることもあるだろう。ポルノ産業はこの事実から経済的利益を得ているのである。

私のクライエントであるチェットは、目下進行中の情事が生き生きとしたものとして続くのを強く願っている。しかし、いつもどおり関係性の複雑さが持ち上がってくると、強迫的なまでにとてもきちんとして、とても頑なに彼のやり方でものごとをなすよう主張をするので、今にも情事の相手を追い払いかねないという危険の中に身を置くことになるのである。

私のスーパーヴァイジーの成人のクライエントであるフランクは、手ひどい離婚への反応として、両親の家へ引っ越してまさに文字通り母親にしがみついていた。

深刻な固着と退行は神経症の要因であるが、より穏やかな例は日常生活に見られる。私は学生に「明朝提出のレポートがあるとき、それに直面しなくてはならないことを先延ばしにするために、あなたは何をしそうか」と尋ねることがある。何かを食べることがお決まりであるという者もいるし、机を整頓してしまうまで、それどころか部屋を掃除してしまうまでレポートには取り組めないことを確信している者もいる。私自身、男根期的固着があるのは周知のことだが、目新しい道具（gadget）（訳注1）のカタログを熟読しがちである。

これらのことは、むやみにぐずぐずと先延ばしをしているということではないと覚えておくのは有用である。これらは、安全な場所への意味のある退却でもあり、困難から脱却するための意味のある企てでもある。強迫的な私の学生は、子どものころ乱雑だといって折檻されたり、罰せられたりした。彼女は「困っているときは、行動を整理しろ！」と学んだ。レポートを締切までに完成することができないことが心配になると、その古いお祈りのことばが深みから湧き上がってきて、彼女は部屋を掃除し始めるのである。

フロイトの話にある、移住する部族に言及してもよい。そこでは、集団は分遣隊を残しつつも移住するのを止めないのである。その部族は、数が減って攻撃によってより傷つきやすくなるが、移動し続ける。精神-性的段階への固着によって、人は次の段階へと進んでいくことを止めるのではない。しかし、成人として大人の関心事にさほどエネルギーを向けられなくなるのである。

精神-性的発達の観点からは、このような成人としての関心事、そして成人期そのものは思春期に始まる。今

（訳注1）gadgetは「男性器」も意味する。

や青年は精神 - 性的な旅の最後の難題に直面している。つまり、エディプス・コンプレックスであるが、これは第4章のテーマである。

第4章　エディプス・コンプレックス

オイディプス：かつてロクシアスは、わしにお告げを下されていわく、わしは自分の母親と交わり、また父親の血をこの手によって、流さねばならぬ運命にある、と。
イオカステ：世にはこれまで、夢の中で母親と枕を交わした人びとも、たくさんいることでございます。

――ソポクレス『オイディプス王』(訳注1)

シェイクスピアの戯曲『ハムレット』が観衆や読者を四百年間魅惑してきたのには幾多の理由があるが、そのひとつは、主人公ハムレットの動機がひどく釈然としないことだ。ハムレットの父親が亡くなって月も明けないうちに、彼の母親は亡き夫の弟と再婚する。ハムレットは、叔父であり今や彼の継父でもある男が母親を誘惑し、父親を殺害したことを父親の亡霊から知らされた。そして彼は復讐を誓い、叔父の殺害計画に着手する。五幕にわたる素晴らしい劇の終始彼は、もたつき、躊躇い、逡巡し、理屈をこねる。私たちは、彼がかくも身動きがとれないのはなぜかと訝る。殺人さえ行える行動力が彼にあることは、判っている。実際、彼は、スパイの老人を躊躇なく殺害した。ハムレットはどうしてさっさと悪者を誅殺して幕引きにしてしまわないのか。この疑問は長

(訳注1)　藤沢令夫訳、岩波文庫、一九六七、七七頁。

い間、観衆、読者、そして学者の心を占めてきた。

フロイトには、ハムレットの行動はさほど不可思議には映らなかった。フロイト曰く、これを解釈するための鍵は、彼がエディプス・コンプレックスと呼ぶ現象であった。

精神-性的段階の男根期において、われわれの関心は生殖器に集中するが、その時期の最重要局面は、エディプス・コンプレックスの導入期でもある。これは、すべての精神力動概念の中で、おそらくは臨床家にとって最も重要で、私たちの多くにとって内的生活を最も解明するものである。フロイトは、これを彼の理論の中核であると考えると繰り返し述べた。

フロイトは、一九〇〇年に初版が出版された『夢解釈』の中でエディプス・コンプレックスの概念を導入した。

片方の親への恋着と他方の親への憎悪は、子ども時代に形成されてのちの(神経症)症状発現にとって重きをなす心的な蠢きの素材のうちでも、取り崩しがきかない備蓄物のように革新的な位置にある。(中略)このような認識を支えるべく、古代世界からわれわれのところへと、一つの伝説が受け継がれてきている。その伝説の透徹しかつ普遍性を備えた訴求力は、いまここで論じている子どもの心理学からの同様の仮説の普遍妥当性によってこそ、初めて理解できるものになる。私が言っているのは、エディプス王の物語と、ソポクレスによる同名の悲劇作品のことである。(原注1)

フロイトが言及した戯曲において、エディプスは、ギリシャの都市国家テーベの王ライウスと王妃イオカステの息子である。ライウスは、エディプスが成長の暁には父親を殺害し、母親と結婚するであろうと神託で警告される。自らを救うためにライウスは、幼い息子を死なせようと山に置き去りにする。しかし、エディプスは羊飼いに救われる。彼は他の街に連れて行かれ、その地の王と女王の養子となり、自分が彼らの本当の息子だと信じて成長する。やがて彼は、かの神託を知り、養父の身が危ういものと信じ込んで、養父の街を去る。放浪の道中、彼はライウスと遭遇し、喧嘩の挙句に殺害する。その後、彼は、テーベを恐ろしい呪いから救い、王となり、先王の未亡人である女王イオカステを与えられ結婚する。戯曲の終末、彼は図らずも父親を殺害し、母親と結婚したことを知り、恐れ慄き、自ら目を潰してテーベを去り、あてのない放浪の物乞いとなる。

フロイトは、この戯曲が数千年にわたり観衆にインパクトを与え続けていることに注目した。その影響力が衰えないのは、エディプスの物語が私たちにとって他人事ではなく、エディプスの誕生前にかけられた呪いは、私たち一人ひとりにもかかっていることを、無意識に私たちが認識する結果だと考えた。異性の親との性愛を切望し、ライバルである同性の親への怒りや嫉妬に苦しむ段階を経ることは私たちの運命だとフロイトは考えた。フロイトの考えでは、その段階以降の私たちの精神的健康は、それらの感情を断ち切れるようになることにかなり依存するが、完全に断ち切れる人はほとんどいない。私たちのほとんどは、そうした感情を無意識に幾分残しており、ちょうど恐怖のどん底に落ちたエディプスが最後に罪悪感を見出したように、私たち観衆は私たち自身の無意識に潜む強烈な願望と恐怖のインパクトを感じるとフロイトは考えた。

すべての男の子が父親を追い払い母親の恋人として取って代わりたいという無意識的願望を経験し、すべての女の子が母親を排除して父親の恋人として取って代わりたいという無意識的な願望を抱くというフロイトの信念は、彼の患者の空想の聞き取りに基づき、またフロイト自身の自己分析により顕かとなった。これらの夢想は、あまりにも危険かつ恐ろしいものであるため、普遍的に抑圧される。つまり、人の無意識に深く埋もれたままになる。だが、埋もれてはいても、それらは凄まじい葛藤を引き起こし、人生に多大な影響を及ぼし続ける。

現代では、精神分析理論を学ぶ者はこの前段落のような話を、まるでその内容は少しも驚愕すべきことはないかのように、極めて気楽に読み書きする。彼らは、それぞれの理論的指向に応じて「ああ、もちろん」とか「なんと突飛なナンセンス」とか思うだろう。いずれの反応が惹起されるにしても、馴れによって、エディプス・コンプレックス理論の衝撃は鈍化されている。

しかしながら、エディプス・コンプレックスの理論は、それが真理ならば、無意識の理論と同様に、人間性についての常識的理解の根本的修正を迫る。それは人間が生来驚くべき葛藤の中に生まれ落ちることを含意するのだ。遺伝行動学の訓練をうけた社会心理学者ガードナー・リンズレイは、この葛藤を生々しく描いている。リンズレイは、すべての社会に共通する極めて稀な風習のひとつが、近親姦タブーであるという文化人類学的観察を報告している。近親姦で生まれる子孫はそれ以外で生まれる子孫に比べて生き残りに有意に適さず、よって近親姦を禁じる社会だけが生き残ったに違いないという膨大な証拠を示すことで彼はこの観察を説明する。さらに、タブーが**必要**だということは、禁止しなければならないほどに強力な衝動が存在することを示唆する。「禁止された行動の表現に向けての衝動が広範に行き渡っているのでなければ、そのようなタブーがあちこちで普遍的に選択されるということは到底ありそうもない。したいという強迫にかられる人がほとんどいないような行動であれば、文化が目くじらを立てて禁止しようとすることは滅多にない。(原注2)」リンズレイの主張では、多くの精神分析の修正論者のように、エディプス・コンプレックスの中心性を蔑ろにすることは、精神分析理論のPR面が大きく改善されるにせよ、精神分析理論の中心的洞察を剝奪することにほかならない。

フロイトが、このエディプス・コンプレックスの理論を公表した当初から、その普遍性の問題には広く関心が集まった。私たちの社会の中ではエディプス・コンプレックスが普遍的ではないにせよ、広く散見されることが圧倒的な臨床的証拠によって明らかだとしても、なお疑問は残る。果たしてそれは、私たちの社会または恐らくは私たちの**タイプ**の社会だけに固有なものなのだろうか、あるいは普遍的なのだろうか。

人類学者のアレン・W・ジョンソンと精神科医のダグラス・プライス‐ウィリアムズとは、民話の異文化間研究の大著『エディプスの遍在』の中でこの疑問を探求した。タイトルが示唆するように、エディプス・コンプレックスは、少なくとも**男の子**に関する限りは実際に普遍的であり、いずれの文化の民話にも見いだされる。

家族の男性が家族の女性をめぐって争うというモチーフが父権的階層社会だけのものであるという証拠を私たちはほとんど見つけられなかった。それどころか、男の子が母親の夫としての父親にとって代わろうと奮闘するという物語の核心部分は驚くほど広く散見される。

フロイトのウィーンから遠く離れても物語の力は弱まるどころか、むしろ実際には遠く離れた社会では話がより大胆なことすらある。それらの物語では、登場人物は殺人や近親姦を偶発的にではなく、確信犯で行い、しかも罪悪感や自責の念に苛まれる様子もない。だが、多くの場合、彼らも何らかの方法で罰を受ける。…およそ人間社会では、「エディプスの罪」が軽んじられることはない。(原注3)

エディプス・コンプレックスは男性支配的、階級・階層社会のみに生じ、そのような社会の病理的帰結にほかならないと、フロイトの批判者たちは長い間論じてきた。ジョンソンとプライス‐ウィリアムズは、彼らの研究したすべての文化の民話にエディプス・コンプレックスが登場すると報告した。私たちの社会のような階級・階層社会と非階層社会との主な相違点は、後者では私たちのような社会よりも、エディプスの物語の性的かつ攻撃的な局面が覆い隠されたり抑圧されたりする度合いが相当に小さいことなのだ。

著者らは自分たちの研究から、エディプス的感情がほとんどの子どもに起こり、彼らが将来自分の子どもを育てる際にその情緒生活を特徴付ける傾向があることは明らかと思われると結論した。それは、私たちがフロイトに従って、エディプス的感情は遺伝的に所与であり、人間が猿から分かれて進化する何百万年間に遺伝的基礎が築かれたものだと見なすにしても、または他の論者に従い、エディプス的感情は子どもの社会化経験の学習結果と見なすにしても、である。

民話の証拠は、**男の子**に影響する限りでエディプス仮説を支持するが、著者らは同様の証拠を女の子については見つけられなかった。

世界の民話文学を通して見える女の子のエディプス状況は、フロイトが想像したものとはかなり違っている。男の子のエディプス状況においては、フロイトに従い、母親と息子の相互の性愛感情そして、父親と息子の相互の敵意が強調される。他方、女の子の場合には、父親がしばしば娘に対して近親姦的な行動をしかけるものの、娘は原則的に、父親の関心に報いることはないし、母親を競争相手とは見なさない。(原注4)

ただし、娘を父親に対する性的攻撃者として描く民話もより少数だが実際見つかったことを著者らは付言しており、家族成員間の無識的関係においては、性愛感情や敵意が一方通行なのは稀ではないかと推論した。しかしながら、兄と妹の物語では、兄が性的攻撃者であるものの数が勝ることから、男性が性的興味を持つ側と見られ、女性は、抵抗し、無関心であり、受け身的に従う者として描かれるという全般的な傾向があると彼らは報告している。

少なくとも近親姦に関しては、男性は女性よりも欲望が強く強引であるというのがこの研究が解明した基本的な真実のひとつと言えるのかもしれない。別の可能性がある。精神分析家のジェシカ・ベンジャミンの所説について本章で後に触れるが、西洋文化（ことによるとすべての文化）では、男性は女性が性的欲求を持ちうることを否定したがる動機を持つという。この仮説には臨床的証拠も相応の背景論理も存在する。私たちの文化でも多くの他の文化でも、不貞な女性に裏切られるという男性の恐怖に言及した文学に事欠かない。たとえば、シェイクスピアの劇中で、男友だちが婚約したと聞いてのよくある反応は、今にも起こりかねない不可避な裏切りに関するジョークである。ここで、夫が恐れなければならないのがよその男の情欲だけなら、さほど脅威ではない。夫として自分の妻の情欲まで恐れなければならないなら、危険性は何倍にもなる。おそらくこうした民話に見て取れるパターンは、女性が欲望、少なくとも近親姦的な欲望を持つことの恐怖に対する、人類が遍く有している防衛を表すのかもしれない。

少なくとも私たちの文化では、女の子がエディプス・コンプレックスを経験するという臨床的な証拠がかなりあるが、それが男の子に影響するありようとはかなり相違がある。それらについての詳細をいくつかみてみよう。ジョンソンとプライス‐ウィリアムズは、自分の近親者に対するアンビバレントな感情という私たち共通の遺産を自分自身や他人に対して大っぴらに認める人はほとんどいないことに注目した。家族の中の近親姦的で攻撃的な衝動の普遍性を知的には受け入れられる人々などの例外的に内省的な人々でさえ、このような感情が自分たちの中にあることを認めるのは難しいと彼らは結論づけた。

これは私たちにとって、核家族や私たちの存在の基本が拠り所としているさらに大きな社会単位をも揺るがしかねないような衝動的行動を抑制することが人類にとって極めて重要であることを示唆する。性愛衝動と攻撃衝動があまりにも危険なため、それらの存在を認めることすら禁止しているのは明らかである。(原注5)

フロイトが最初にエディプス・コンプレックスを描写して以来、精神分析家は、親が彼らの子どものそれとどう向き合うかに重要性をおくようになった。なかには（たとえばハインツ・コフートのように）、エディプス・コンプレックスがそれほどまでに青年の問題を孕むのは、どれほど微妙であるにしても親による誘惑と脅しの組み合わせの仕業であるので、もし青年の生涯を通じて両親が愛情に満ち、敏感であるならば、エディプス期は基本的には問題を免れうると主張する者さえある。そこまで踏み込んだ主張をする者はまれであり、ほとんどの者は**そのように**敏感となることは、ほぼ不可能だろうと考えている。それは相次ぐジレンマをすり抜けてスケートをするようなものだからだ。たとえば、誘惑的にならずに青年の性の芽生えを熱烈に肯定することは簡単ではない。今日、多くの分析家は、エディプス・コンプレックスとその解決方法は、最善の環境下の子どもにとってすら心理的困難を孕むが、その困難は両親の対応次第で緩和も難化もされうるという立場を採る。

最初にフロイトが神経症的な問題を煩う女性患者の治療を始めたとき、彼女らが子どもの頃の大人、それはたいてい父親であるが、との性的遭遇の話を頻回に語ることに衝撃を受けた。彼は、これらの乳幼児期の性的体験が子どもを後に神経症にかかりやすくするという理論を展開した。彼は、これが彼の待ち望んだ名声をもたらしうる一大発見かと思った。次第に、渋々ながら、語られた話のいくつかは到底真実ではないことを彼は見いだし、話のいくつかは空想に過ぎないのではないかと怪しみはじめた。彼が自ら見いだしたことの公表に踏み切るまでには幾年もかかった。このことはフロイトの当初の理論にとっては痛手であったにせよ、心についての私たちの理解を大いに前進させた。つまり、これは、空想が驚くべき力を持つことと心には空想と現実との明確な境界線が無いところが存在することを私たちが認識した端緒であり、一次過程と抑圧を発見する端緒でもあった。

この点の理解については、一九八〇年代と一九九〇年代に多くが著され、相当な物議を醸した。ジェフリー・マッソンは、『暴行の真実』(原注6)で、神経症は大人が子どもを誘惑することに起因するとする理論、つまり「誘惑説」をフロイトが政治的な臆病さから放棄したと主張した。しかし実際には、フロイトは終生、子どもの性的虐待は、それまで信じられていたより遙かに蔓延しており、そのような虐待は、子どもにとって悲惨だと思っていた。フロイトはまた子どもが、欲望している性交についての空想と現実とを混同することもありうると考えた。マッソンはフロイトが臆病だと糾弾したが、当時としては、子どもの性的願望というフロイトの新理論こそ、おそらくは誘惑説よりも一層政治的に危険であった。一九世紀のウィーンの医師らにとって、自分たちの子どもが性的願望や衝動を心に抱くと信じるよりも、一部の男たちが不埒であると信じるほうが受け容れ易かったように思われる。

この優れて目を引く論争の結果、今では、すべての情緒的な問題は、本人の記憶が無いにせよ、乳幼児期の性的虐待に起因すると考える人がいる。酷い性的虐待の事例のなかには抑圧されるものがあり、それらの蓋を開けることがしばしば治癒効果を持つということは紛れもなく正しい。だが、性的虐待が**すべての**情緒的問題の原因だという信念は、不適切な帰結に導くことがあった。すべてのクライアントにとって、これが一番大事な事柄だとセラピストが強く思い込んでしまうと、クライエントがそうした物語を義務的に「思い出す」ことに抗うことは極めて難しくなる。その結果、無実の親や保育所職員たちが実際の危機に瀕することもまま生じてきた。(原注7)

悲痛な児童虐待事件が現実に存在するのは疑いない。親の無意識から派生する**微妙な**誘惑の実例のほうがかなり多く存在することがありそうに思われる。このような微妙な誘惑もまた問題となりうる。それが子どもの無意識の願望とかみ合うと子どもが非常に混乱することがありえる。エディプス・コンプレックスの危険が、親の対応によってどれほど増大しうるか、または減少しうるかは容易にみて取れる。

フロイトのエディプス理論には以下の三つの主要な含意がある。

1　エディプス・コンプレックスの理論は、無意識の生活についてのなにか重大なことを私たちに（そしてとりわけ臨床家に）教えてくれる。

2　この理論で描かれる現象は、人間の条件についての不可避的部分である。男女の同性および異性に対する態度も然りである。このことはフロイトの見解では、男性の積極性、女性の誘惑的受け身性を意味している。

3　諸般を勘案すると、男性の積極性と女性の誘惑的受け身性とはおそらくは最善の組み合わせであるとフロイトは考えた。

これらの三つの含意はいずれも、鋭い批判に繰り返し晒されてきた。精神分析修正論者はエディプス・コンプレックスの存在そのものに疑問符を投げかけた。多くの批判者、とりわけフェミニストの精神分析家たちは、エディプス・コンプレックスの存在は受け容れて、その概念を精緻化するものの、私たちの文化にそれがどう出現するかは当該文化の所産たる部分が大きく、決して不可避ではないと説得力を持って主張する。同じ批判は、第三の含意における性差別の指摘について最も明瞭に表現されてきた。

この点に関して私たちは、フェミニスト精神分析家の立場、すなわち、第一と第二の含意は欠陥を孕むものの、エディプス・コンプレックスの理論は良かれ悪しかれ、私たちの無意識的な精神内界について決定的に重要な何かを教示しているという立場に従うし、この理論を把握せずに臨床に携わる臨床家は著しく不利な立場にある。

ほぼ五〇年もの間、フロイトはエディプス理論の精緻化と明確化に努めた。彼の仲間そして後継者も同様に精力的に研究した。エディプス・コンプレックスの展開の説明として、すべての理論家が賛同するものはおそらくは無い。以下の説明ならば、比較的異論が少なく、最も有用と私には思われる。それはフェミニスト精神分析家のジェシカ・ベンジャミン(原注8)とナンシー・チャドロウ(原注9)の業績に負うところが多い。

私たちは生まれてすぐ、社会のある側面を観察し始める。

1 子どもにとって女性は最初の重要な親である。出産し授乳するのが女性である以上、この点は変わりそうもない。よって、おそらくは未来永劫、ほとんどの子どもは、最初の養育者として柔和で優しく保護的な存在としての母親を経験する。

2 男性は、家の外界を占める。父親は、その外界を代表する傾向がある。また、彼は柔和で優しいというよりも陽気で、肉体的により強靱な傾向がある。

3 私たちは依然として男性世界に住み続けている。男性は、権威を持ち、支配することが期待される。ジェシカ・ベンジャミンは、父権制は、文化の中にあまりにも深く埋め込まれているので、文化の集合的無意識からそれを切除することはにわかには起こらないとしている。それゆえ、啓蒙された親が個々の子どもに対して男性優位のメッセージを和らげて伝えることは極めて重要だと彼女は考えるが、それにも係わらず、この文化では、男性優位のメッセージが子どもの無意識に刻印されるということが今後何年もの間続くだろうとした。ベンジャミンにも、楽天主義が皆無というわけではない。彼女はジェンダーにおける平等に向けての紛れもない動きに新しい世界を垣間見ていた。

母親は、男の子にとっても、女の子にとっても、最初の保護者である。そのため、おそらくは決して真に壊れることのない強力な絆が確立される。だが、この絆は子どもにとって、恐るべき側面を持つ。母親は、無力な子どもと比較して圧倒的な力を持つので、子どもが個性と自律性を発展させる見込みが母親の力によって著しく脅かされかねない。この安全と自律の間の葛藤は精神分析の用語でいう、**再接近期**（rapprochement）の葛藤として知られる。

この概念の起源は私たちの目下の探求にとって興味深く、関連が強い。マーガレット・マーラーは、ウィーンで小児科医として出発し、一九三〇年代にアメリカに移住したが、幼児とその発達を精神分析的に観察した人々の中で最も重要な人物である。(原注10) 彼女は、よちよち歩きの幼児が人生の二年目にして、依存と自律の間で深刻な葛藤に遭遇することを観察した。一方で、子どもは母親と触れ合い、その保護を受けたいと望む。他方で、子どもには探求すべき広い新世界があり、力強く自由であると感じたいと熱望する。この葛藤は、多かれ少なかれ当り障りなく解決しうるとは言え、葛藤は葛藤であり、しかもその教訓は後々まで残る。マーラーの観察によると、母親によって子どものこうした交互に現れる衝動が両方向に愛情深くサポートされると、子どもは後に、見捨てられることと呑み込まれることの間の葛藤を、おそらくはだれしもがそこから完全に逃れることはないにしても、最小限に留められるようになるのだ。マーラーは、この期間を**再接近期**（和解）と呼んだが、それは、直前の発達段階では子どもは母親との接触にあまり興味を示さず、しばしば母親は見捨てられたかのように感じるからである。再接近期段階になると、子どもは母親との接近、つまり**和解**を再び望むが、すでにみたようにこの再接近期は断続的である。

そこに父親が登場する。誕生から再接近期を通じて、父親はこのドラマでは脇役を演じてきた。父親は、母親ほどには身近にいないのが典型的である。また、外の世界をその魅力的な自由さをもって体現するのも典型的である。父親は母親よりも力強く思われる。彼は、肉体的に母親よりも強力であり、支配を男性的属性とみなす世界における男性なのである。さて、母親の力といえば、それは子どものそれよりも遙かに強大であり、これまでも、これからも子どもにとって脅威であり抑制的であり続ける。このドラマでの父親の役割が重要となるにつれ、母親の力を相殺する方法が出現する。つまり、父親とつながることである。

ここに至ってドラマは、男の子と女の子とで違う展開をみる。男の子は、自分が母や姉妹とは異なり、重要な一点において父親と同様であることを知る。つまり、ペニスがあるという点である。逆に女の子は、ペニスの欠如が自分と父親との間の目にも明らかな差異だと悟る。フロイトは、この子ども時代の発見を重視した。ペニスを持たない者は、不完全で劣っていると男の子も女の子も考えるとフロイトは考えた。さらにフロイトは、子どもたちは、女の子は、かつてペニスを持っていたが失ってしまったのだと憶測するだろうと考えた。フロイトの見解では、この憶測のせいで、男の子は去勢される危険が現実的であるように思うのである。また女の子は、彼女らのその後の心理の大きな部分を形作る羨望、つまり生涯にわたる「ペニス羨望」に苛まれる。こうした現象についてのフロイトの理解が、男性の優位性、そして、ペニスを含むおよそ男性的なるものの本質的優位性への彼の信念によって形作られたことは疑いない。フロイトの偏見のいくつかは余りにも明白なので、ペニスの重要性についての彼の理論は無視してしまいたくなるところであり、初期のフェミニスト批評家は実際にそうした。しかし、現代の著名なフェミニスト精神分析家には、これらの理論には、臨床的に絶対必要な要素があると認識し、これらの現象を再検討し始めた人もいる。

まずはじめに、男の子におけるエディプス・コンプレックスの展開をみてみよう。五歳ぐらいの男の子は、父親を母親の恐るべき力に対する解毒剤として有望視する。父親は母親と同じくらいかおそらくはそれ以上に強力である。すると、父親と同一化することで、自分自身も力強く感じられる。そこで、父親にペニスがあることが実際、意味を持つ。ペニスこそは父親と母親とを区別するものであり、父親と息子の共通性の重要な標識である。ペニスは、父親の力の、つまりは息子の力の、そして、男性性の力の象徴となる。男の子は、父と同一化して、それによって母親の権力から自身を守る。彼は男性であり、つまり完璧である。父親は彼を歓迎し、男の子と認め、よって彼と同一化する。男性の同志関係がここに成立する。

男の子は母親の恐ろしい権力から逃れるものの、彼女は依然、彼の初恋相手である。彼が父親と同一化してペニスの重要さを認識すると、この愛情は性愛欲望という新しい形態をとる。愛情をもって父親と同一化することに加えて、母親に対するこの新しい形の愛情ゆえに、今や父親は彼のライバルともなり、男の子には憤慨と敵意が生じる。これが男の子におけるエディプス・コンプレックスに他ならない。母親に対する早期の愛着は、いまや性愛的側面を持つに至り、父親はある意識レベルでは依然愛されつつもライバルとなる。父親のように強大な相手と競合するのは危険であり、ゆえに、こうした父親に対する複雑な一連の情動に、恐れという情動がもうひとつ加わる。いや恐れと罪悪感という**一対の**情動が付け加わる。男の子の無意識生活の必然的な過程により、彼は近親姦と父親殺しという、あらゆる願望の中で最も禁断とされる二つの願望の鋭く、痛ましい葛藤に晒される。第2章で論じたように、一次過程思考は、穏やかに父親にとって代わることと彼を殺すことを、細かく区別しない。エディプス・コンプレックスの**解決**を考える際にみるように、青年期の最重要課題のひとつは、恐れと罪悪感に折り合いをつけることなのである。

母との愛着、父に対する競争心は両親によってけしかけられることが多い。すぐに思いつく理由によって、母の息子に対する愛着は、あからさまではなくとも、本来性愛的で誘惑的である。男性は時として幼い息子のせいで妻を失ったと冗談を言う。しばしばこれは冗談以上のことである。ある種の女性たちにとり、息子こそは待望の男性に他ならない。これは自らが完全に支配し、葛藤を感じなくてもよい情事である。それは性愛的だが完結しないため、いかなる性に対しての罪悪感をも免れるのである。

父親は息子と同一化して、あたらしい小さい仲間として歓迎したとしても、父親の気持ちは実際には非常に揺れ動いている。ここには、彼ととってかわる世代の劇的な発現がある。ここには若さ、制限のない可能性があり、それが自らの老化や死すべき運命の認識との間に心穏やかでない対比を醸し出す。また、多くの男性にとり、かくも完全に支配し優位に立つことのできる他の男性とはついつい対峙・対決したくなるということも認めざるを得ない。だが何よりも、今や息子は妻の愛情を競い合うライバルであり、父親は競争心そして時には敵愾心すらをも感じる自分に気づく。エディプスの話はどのように始まったのか思い出してみよう。エディプスは、故意に罪を犯すのではない。十分承知の上で犯罪にかかわったのは、エディプスではなく、ライウスで、彼は、無垢で幼い息子を殺そうとしたのである。このコンプレックスは、ライウス・コンプレックスと呼ばれるべきであるとしばしば提案されるのはそのためである。

息子に向ける敵意、明らかに無垢な息子に対する父親の疑いは、私たちの人生や文学の最もよくあるテーマである。シェイクスピアでは、マクベスがスコットランド王ダンカンを殺したとき、ダンカンの息子たちは父親殺しの濡れ衣を着せられるに違いないと考えて逃走した。ヘンリー四世は、彼の忠実で愛する息子ハルが王位につきたいために彼の死を待ち焦がれているということでハルを責めた。父親に愛され、支えられていると感じていた男性患者はまれであるとたいがいのセラピストは報告している。私の患者のひとりは、一〇歳の時に父親にボクシングを教えられたことを思い出した。指示に従って父親を殴ろうとしたら、彼は幸運にも父にパンチできたが父は即座に彼を地面にたたきのめした。ひどく怒った父は彼に覆いかぶさって「私に二度と再びそういうことをするな」と言った。この話は通常よりも劇的だが、父親の息子に対する敵意というテーマはほとんど遍く散見される。

人類学者のジョン・ホワイティングによる研究は、父親が息子に対して敵愾的競争心を持つという現象に光をあてた。(原注11)一夫多妻制のいくつかの文化では、母親と赤ん坊は、生後一年間一緒に眠る。父親はこのベッドから締め出される。これらの社会では、年頃の男の子のイニシエーションの儀式は他の文化に比べて厳しいのである。男の子の父親を含む大人の男性たちは、男の子にしばしば性器を傷つけることを伴う相当な苦痛を受けさせて男の子を男性の世界に入会させる。息子によって、事実上、妻のベッドから押し出された父親が、その男の子が年頃になった時に無意識的な力に駆られて、象徴的な去勢を行うということは想像に難くない。

次に女の子のエディプス・コンプレックスの展開に話をうつす。この場合には、特有のややこしさがある。男の子のエディプス愛の対象は生まれた時から愛し、必要としてきたのと同じ人であるが、一般に女の子は、最初の愛着対象の母親から新しい愛情の対象である父親にシフトする。

兄や弟と同様に、幼い女の子にも母親の圧倒的なパワーに対して解毒剤が必要である。彼のように、母親からの独立を打ち立てるために助けが必要である。彼のように彼女もまた父親の方に向いて、そしてそこで彼女は失望する。兄や弟のようには彼女は父親と同一化できない。重要な身体的な違いについて彼女は百も承知なのである。つまり彼女にはペニスがない。男の子にしたようには父親も一般的には女の子を小さな仲間として歓迎しない。父親は、彼女をかわいらしく、魅惑的な小さな人として扱おうとする。彼女は、ペニスがないということの最初の痛ましい結果を学習する。強烈な力を持つ母親から彼女を守ってくれたはずの父親、彼女の自律と個体化を守ってくれたはずの父親との同一化や同盟から彼女は排除されているのである。

ペニスを備えていないので父親から仲間として認めてもらえないとすれば彼女はどうやって父親を誘惑し、母親から自由になるのを支援してもらえるだろうか。手がかりはある。母親の父親に対する愛は、性愛であり、そして、女の子はまだ母親に強く同一化している。父親は彼女を可愛らしく魅惑的な者として扱う。たとえペニスがなくても、父親の恋人として、彼女は父親のペニスを手に入れ、彼の力の相伴にあずかれるのだ。このようにして、彼女の主な愛情の対象は、母親から父親へと移る。

母親と娘の関係はいまや非常に複雑なものとなる。母親は、最初の愛の対象であり、女の子が同一化する人である。しかし今や、母親は父親の愛をめぐるライバルである。これが女の子のエディプス・コンプレックスであり、父親に対する性愛的欲望と対をなして、母親との間に、混乱し、アンビヴァレントで、怒りに満ちた、競争関係がある。母親はその力ゆえに、いつも愛されると同様に恐れられるが、今や女の子にはその恐れに新しい理由が付け加わった。小さい男の子のように、激しい無意識的罪悪感をもつべき理由がいまや彼女にはある。

男の子と女の子のエディプスの展開の類似点を描いてきた。双方とも母親の圧倒的な力を恐れ、双方とも父親を保護する人として頼る。双方とも異性の親を望み、そして同性の親をライバルとしてみることになる。そして、私たちは違いも見てきた。男の子は父親との類似性を頼りに、女の子は、彼女の魅力を頼りに父親の保護を求める。男の子は、いつもずっと愛し頼っていた母親をついには欲望するが、女の子は母親を愛することから父親を愛し欲望することに移行しなければならない。

そして、子どもの将来にとって決定的に重要なエディプス・コンプレックスの解決という発達の時期に差し掛かる。この時点で、子どもは非常に申し開きのしようがない立場にある。女の子の場合で言うと、悲惨な結果なくして父親の恋人として母親にとって代わることはできない。彼女の今の課題は、健康的な青年期また成人期を迎えるために可能なかぎり最善の機会を得られるような方法によってこの申し開きようのない立場から抜け出すことである。これは可能な最善の性的適応ということだが、それに限ったことではない。彼女がどうやってエディプス・コンプレックスを解決するかは、彼女がどれほど喜んで自分自身を女性として受け入れうるかに影響を与え、また彼女の男性や女性との関係に大きな影響を与えることになる。

解決の道には、男の子にとっても女の子にとっても落とし穴がちりばめられていることは、付言しておかねばならない。女の子は、性についてや年上の女性との関係について罪の意識を感じるようになるかもしれない。自らの性的アイデンティティについて葛藤に陥るかもしれない。情熱と優しさを同じ人に対して感じることができず、愛情生活が重篤に妨げられてしまうかもしれない。男の子は、同じような課題や落とし穴に直面するが、これから見ていくように違いがある。だれしも、多少の心の傷や永続する多少の重荷なしに、この発達的危機を切り抜けることは恐らくはできない。察しのよい、愛情にみちた親によって重荷を軽減できるが、多分それを取り除くことはできない。

フロイトは、エディプス・コンプレックスには二つの段階があると考えた。最初の段階は、男根期に現れる。この最初の段階について私たちは今まで探求してきたが、ここからエディプス・コンプレックスの解決が始まるのである。第二のエディプス段階は思春期の後につづき、そこで最終的に解決が完結するのである。これら二つのエディプス段階の間をフロイトは「潜伏」と名付けた。

潜伏期

この時期は、六歳ごろから思春期まで続く。男根期の性愛衝動は、エディプス・コンプレックスと同様に、抑圧される。フロイトの考えでは、この時期は、ほとんどの子どもにおいて、性的なものがすべて抑圧されている。その抑圧には、社会化と本能発達の両方が寄与している。潜伏期の出発点となる抑圧には、近親姦幻想の恐怖が大きく寄与しているようである。しかしながらフロイトは、この時期に引き続き強い性的衝動を経験する子どもが多いことを認めていた。私たちの文化では、これらの衝動は自慰で表現されるが、子どもの性的活動が認められている文化では、思春期以前の、性交を含む子どもの性的活動は珍しくないことである。近親姦タブーやエディプス・コンプレックスは、普遍的な現象であるようにみえるが、潜伏期は、文化特有であるように思われる。しかしながら、許容的な文化であってすらこの期間にエディプス・コンプレックスが抑圧されるか否かの証拠はほとんどない。

フロイトは、潜伏期をとりわけ重要としたが、それは、人間の神経症に対する脆弱性に潜伏期が一役買っていると考えたためである。彼は、エディプス的な官能性を含む官能性は、男根期にもっとも発達すると論じた。そして、官能性はしばしば社会化という形の抵抗にあう。子どもは、罪悪感や恥や嫌悪すら感じて、官能性は抑圧される。突然、身体組織にホルモンがあふれて、抑圧のバリアを突き抜け、潜伏期に終止符が打たれると、官能性の自覚が完全に取り戻されるが、潜伏期の先駆けとなった抑圧が傷を残す危険がある。青年は、いまや発達途上で最も困難でありうる問題に直面し始めている。自分の衝動の官能的な流れを優しさに満ちた愛の衝動と調和させなければならない。求める人を愛することができず、愛する人を求められないということは深刻な心理的重荷である。そして、それは痛ましいまでによく起こる。フロイトは、それからすっかり逃れる人など果たしているのだろうかと訝った。彼は、潜伏期の出現が、この調和の達成をより難しくしていると考えた。性的なものが滞りなく発達するのが許されるなら、つまり圧倒的な抑圧が介在しなければ、愛と欲望が調和する健全な成人の性の順調な発達がもっとありうるべきと考えた。

性器期：エディプス・コンプレックスの解決

思春期の子どもは、ホルモンの猛攻撃によって、青年期に駆り立てられるにつれ、フロイトがいう**性器期**に入り、エディプス・コンプレックスの解決という重要な仕事に直面する。解決の種がおそらくは男根期にまかれており、そして今花が咲くのである。すでに述べたきたように、エディプス・コンプレックスがどのように解決されるかは、思春期の子どもが先々に青年期のそして成人の性をどう扱っていくかを大きく左右する。

エディプス・コンプレックスの解決には多くの形があるが、共通しているように見えることが一つある。つまり、青年は大いに、両親に向けていた性愛的愛着から自分自身を解放しなければならならず、ふさわしい新たな人々にそのエネルギーを向ける術をを見つけなければならない。健康的な適応に必要なことは、両親への無意識的な固着が足かせにならない方法で、こうした新たな人々と関わることである。

エディプス的な欲望の対象から移行することは容易ではないが、両親からの配慮の行き届いた協力があれば、困難は軽減される。父親は、誘惑的にならずに娘の魅力的な女性性を愛情深く肯定するという繊細な課題と向き合う。母親も息子に対して同様の課題と向き合う。母親にとって息子が父親よりもより魅力的で興味深いと息子が気づかないこと、そして、父親にとって娘が母親よりも魅力的で興味深いと娘が気づかないことが、とても重要である。

フロイトの考えによれば、仮にエディプス・コンプレックスの理想的な解決がなされたならば（めったに完全に解決しないが）青年／成人が同一人物に対して、やさしさと情熱を経験できるような異性愛的な適合に導くことであり、そこでは、求める人を愛することができ、愛する人を求めることができるのである。*

＊ここで、フロイトが異性愛的適応が理想的であると考えていたことについて一言言い添えるべきであろう。フロイトが活躍した当時の時代と文化を考慮すれば驚くべきことに、彼には同性愛恐怖がほとんどなかった。あるアメリカ人女性が息子の同性愛を精神分析で治すことができるかを手紙で尋ねたという有名な出来事がある。以下は、一九三五年に書かれた彼の返事の抜粋である。

拝啓、

お手紙から息子さんは同性愛だと推察します。私にとってもっとも印象だったのは、あなたがご自分では息子さんについて記しながら、この言葉を使っていないという事実です。なぜこの言葉をお避けになったかをおたずねしてよろしいでしょうか。同性愛が有利ではないことは確かですが、恥じるべきことではありませんし、悪徳でも、堕落でもありません。さらには、病気にも分類できませんし、私たちの理解では、性的発達の何らかの停止によって生じた性的機能の変異であると考えられています。古代でも現代でも、きわめて尊敬に値する多くの人々が同性愛であり、なかには最も偉大な人物もいます。（プラトン、ミケランジェロ、レオナルド・ダ・ヴィンチなど）。同性愛を罪として迫害することは、大いなる不公正であり、残酷な行為でもあります。私の言うことが信じられないならば、ハヴロック・エリスの本をお読みください……。

同性愛者のなかには、子ども時代の経験がどうあれ、生まれながらに同性愛への強力な素因があって、その選択を行いやすい人がいるという近年の研究にフロイトは驚かないであろう。彼は、人はみなある程度両性愛であるが、異性愛と同性愛の素因のバランスの違いで個々の差異が決定されると考えていた。

やさしさと情熱を成功裡につなぎ合わせるような完全なゴールを達成するためには、エディプス・コンプレックスを葬ること、つまり単に抑圧するだけではなく完全に破壊することが必要とフロイトは考えた。もし抑圧されれば、継続的に破壊的影響を及ぼしかねないのに対し、逆に葬られ無意識に存在すらしなくなれば、その人は大人の性を満喫する自由を手に入れる。エディプス・コンプレックスが完全に葬られるというゴールは望ましいものであるにせよ、フロイトやその後継者たちが、そういうことがありうると信じていたかは疑わしい。理論上フロイトは、エディプス・コンプレックスが葬られることは、強力な去勢不安のために男の子の方が女の子よりもありそうであると考えた。

「肯定的な」解決

安定的で満足のいく異性愛生活というゴールを達成するため、青年期の男子は、父親に同一化して、危険で競争的な葛藤を捨てるに至る。彼は、父親が見つけたような女の子、つまり母親のような女の子を見つけようと（無意識に）決意する。とは言え、競争はすでに放棄し、近親姦タブーは受容するのだから、母親その人は明らかに結婚相手としては不適格である。

同じように、青年期の女子は、母親と同一化して、あくせく競争するのをやめて、父親のような男性を探すほうに向かう。フロイトはこれを「肯定的」な解決と呼び、安定した大人になるために最も望ましいことと考えたが、仮に解決が上首尾だったとしても、青年期にエディプス・コンプレックスによって全く悩まされないことは稀だろうとも考えた。

「否定的な」解決

フロイトの初期のエディプス・コンプレックスについての論文では、「否定的な」解決について、青年が同性愛を選択することで競争を放棄することとして描いている。これはさまざまな方法でおこりえる。フロイトは、父親の赤ん坊を望んでいた患者のことを描いている。このような願望が頂点にあるとき、彼女の母親が妊娠した。その女の子は、裏切られたと感じ、彼女が望んでいた赤ん坊を父親が母親に与えたと怒り狂った。彼女は激怒して、父に背を向けただけでなく、すべての男性に背を向けた。彼女は、完全な同性愛になった。それ以降、母親に対してかなりの競争的な敵意が含まれたアンビバレントな感情をもった。彼女は幼少時に母親に向けた愛着の名残からこれらの感情に対して罪悪感と悲しみを感じた。彼女は、象徴的に母親を欲望の対象とみなして、母親を思い出すような女性と恋に落ちることでこの罪悪感に対処した。また、彼女の母親は熱心に男性の関心を求めた。そこでは同性愛になることでその領域を母親に明け渡し、この点での母親との競争を回避した。

フロイトのこのケースは、彼の最も重要で価値のある洞察のひとつを含む。すなわち、喪失に対するよくある反応のひとつは、失った人に同一化し、その人の何らかの重要な部分を自分の中に取り込み、このことによって精神的に喪失をなかったことにするというものである。フロイトは、この現象を悲哀に関する論文で記述し、患者の同性愛的な解決をどう補強するかを示した。つまり、彼女は父親を失い、そして、女性を愛する人になることで、ある意味でいまや彼女は彼女の父親になったのだった。

私のある男性のクライエントは、しばしば同性愛的な欲求に悩まされて私を訪ねてきた。彼は、自身を異性愛者として自認していて、異性愛者としての経験しかなく、そして結婚して子どももいたのだ。彼の異性愛の生活は、明らかにいつも不満足であり、それが続いていた。ときどき、彼は同性愛の相手を探したいという、抑えきれない強い衝動を感じて、男性をひっかける地域として知られている町の地区に出かけ、さまよった。彼は、誰かをひっかけることは恐ろしくてできず、決して誘いにも応じなかったが、その街をただうろつくだけで満足した。そしてそのとき、強い恥の感情に襲われるのだった。

思い出す限りの幼少時から、父親は女たらしで、めったに家にはいなかった。父親は不貞を隠そうともしなかった。私のクライエントは、いつも彼と接触したいと思っていたことを思い返す。面接が進むにつれて、彼は、父親はセックスとそれを提供する女性にしか興味がないと信じて大人になったことが判明した。やがて、もし彼がそのようなセックスを提供できるなら、父親は彼を愛してくれるだろうと無意識に信じるようになっていった。彼が、街をさまよったのは無意識に父親をひっかけたいと望んだためであった。

優しさと情熱との分裂

今まで見てきたように、人の性的な発達における死活的かつ困難な課題は、衝動の官能的な流れを優しく愛情に満ちた衝動と調和させることだとフロイトは考えた。彼は、これを完璧にできる人はいないのではと考え、多くの人が優しさの衝動と官能的な衝動との間のこの分裂に非常に苦しむことを、彼の臨床実践を通して学んだ。大衆文化では、このことは聖女 - 娼婦現象として知られているが、女性においても同様の分裂が生じる。

このことを、エディプス式に説明すると、近親姦タブーが親への情熱的な感情を禁止するためということになる。母親に対して、**優しい**感情をもつことは支障無く、実際、そう感じることが期待される。しかし、母親に対する情熱的な感情は抑圧されなければならない。同じ現象は女の子とその父親についても妥当する。そこで、成長して愛する人を探す際、この葛藤を引きずっている限り、私は実際には**二人**ないし二つの**タイプ**の女性を探すはめになる。私は「母親のような」女性に出会い、その女性に対してやさしさと愛情を感じ、両親に紹介し、実際に結婚することになるだろう。もし、近親姦タブーのために、これらの「感じが良く」「貞淑で」「教養高い」女性に対して、私の情熱の衝動が多少ともそがれてしまうならば、私は、情熱を分かち合うために、まったく異なる類の女性も求める。上流家庭の若者は、社交界にデビューする女性とデートして結婚するが、セックスは奴隷小屋でするというのは、南北戦争以前の南部ではよく知られていた。これはまだ続いている。どういうことかというと、私が教鞭を取っていた南西部の大学では、男子社交クラブの男子は、女子社交クラブの女子とデート（そして多分結婚）するが、セックスのために彼らは国境を超える。これらの結婚した「感じのよい」女の子の結婚後の性生活を想像するのは悲しいことである。これほどはっきりとはしないが、ほかの人々の間でも、この優しさと情熱的との分裂は、彼らにとって依然として悩ましい問題でありつづけるということが多い。

エディプスの勝者

先に触れたように、親は、エディプス・コンプレックスが成功裡に解決するのを促しも妨げもできる。エディプス・コンプレックスの最もありがちで、破壊的な結果の一つは、子どもが同性の親との競争に勝ったと信じてしまうことである。女子であれ、男子であれ、これはさまざまにおこる。

女の子が自らをエディプスの勝利者だとみなすには、娘に立場を譲って母親が退くというメッセージ、あるいは父親が単に母親よりも娘を好むというメッセージを受け取る必要がある。父親が母親より娘をより好むというのは、実際に性的虐待でなくても性的でありうる。父親は、自分が結婚した若くて元気な妻を娘の中に見て、官能的な魅力を感じるという明白なメッセージを送るかもしれない。あるいは、娘を、よりよい相棒だとか、より共感的に話を聴いてくれる人だとか思うかもしれない。

母親の退場はさまざまな形で起こりうる。その基本形は、娘がまだ子どもか青年期のころに母親が夭折することである。父親がよほど注意しないと、娘は、気が付けば自分が突然、妻の座に上っていたということになる。離婚で、娘が父親のもとにいるということもあるかもしれない。あるいは、母親が単に父親に興味を失い、娘に彼女の代わりをしてほしいというメッセージを送るかもしれない。

重要なのは、これらのシナリオは、エディプス・コンプレックスの文脈で起こることに留意することである。つまり、娘が無意識には勝利を情熱的に欲望しているということである。そのために、勝利がひどく高くつくことになる。一次過程の領域では、願望は行為と等価であることを再び思い出そう。そこでは「私は彼女から彼を奪いたかったし、そして実際やってしまったのだわ」ということになる。ここで娘は、最も恐ろしい二つの罪を故意に犯してしまったと無意識的に思い込むのである。つまり、近親姦と母親殺しである。もし近親姦が現実でなく象徴だけならまだましだが、それでも心的近親姦や心的母親殺しなので、彼女は身を焼き尽くす罪悪感の餌食となる。

エディプスの勝者として自分をみなす女の子は成長して、女性とりわけ年上の女性に罪悪感にみちた恐怖をもつ傾向がある。彼女たちは無意識的に、自分は母親から故意に盗んだと考えたり、年上の女性の中には自分に復讐する人がいるかもしれないと考えたりしている。彼女たちの男性との関係は、父親を象徴的な（あるいは実際の）近親姦に誘ったという思い込みからくる罪悪感によって抑制されがちである。一次過程の領域では願望は行為と等価であるということを常々心得るようにしなければならない。

父親が娘を性的に搾取することが壊滅的な裏切りであるのには、いくつもの明白な理由がある。さほど明白ではないが、酷く高くつく理由は、娘が自分のエディプス的願望のせいでそうなったのではないと確信できないことである。その結果生じる混乱と罪悪感は耐え難いことになりかねない。

マリアナは父親によって繰り返し性的に虐げられたクライエントであり、マリアナよりも二〇歳ほど年上の女性である夫の上司の家でのホームパーティに夫と同行した。パーティの主催者である女性上司に紹介された後で彼女は深刻なパニック発作に陥り、すぐに連れ出してくれるよう夫に頼まざるをえなかった。奇妙な考えであることは自分で重々承知だったものの、主催者が自分を嫌い、傷つけたがっているに違いないと思えたのだと彼女はセラピストに話した。

男の子も、もちろんエディプスの勝者になる可能性がある。

ジェフリーは、彼の妻に対しての性的抑制の悩みをふくむ、いくつもの問題でセラピストのもとを訪れた。夫婦ともに三〇歳半ばで、結婚前には、お互いに性的に満足のいく関係だった。ジェフリーがセラピーを始めたのは、結婚して一年たってからで、彼らの性的関係は着実に悪化していた。セッションの早い段階で、ジェフリーは、結婚式の時に妻にキスをするのは非常に困難で、実際になんとかキスせずに済む方法を見つけたのだと少し当惑しながら暴露した。何カ月かして突然、彼は、もしあの結婚式で妻にキスをしていたならば、それは初めて母親の前で妻にキスすることになっただろうということに気が付いた。

ジェフリーの両親は、彼が一〇歳の時に離婚していた。彼の母親は再婚もせず、デートさえもしなかった。「あなたが今や私の小さい夫よ」と彼女は告げた。実際、彼女は彼をそのように扱った。二年後にジェフリーは、定期的に自慰するようになった。彼は、ベッドで自慰をして、あえてシーツに射精し、それを隠そうともしなかった。毎朝母親がベッドからシーツをはがして洗濯をし、何も言わずにシーツを取り換えた。ジェフリーは、彼女が射精のことをわかっていたことを確信していた。

「僕たちは実際セックスしていたようなものですよね」と彼はセラピストに言った。

ジェフリーの母親には同情すべき余地がある。彼女は若くして孤独なシングルマザーとなった。彼女の欲求の多くを満たすために愛する息子に向かったことは理解できる。とはいえ、この行動は、ジェフリーがエディプス・コンプレックスから解放されることに対する深刻な妨害となった。

離婚によって実際に父親が家庭からいなくなったことは、母親がどれほど気にかけていたとしても、ジェフリーにとって真の危険をもたらした。エディプス的な競争に打ち勝ったと子どもが確信しないことがいかに重大か、また、子どもが勝利する可能性が金輪際ないというゆるぎない姿勢を親がとることがいかに重要かということを見てきた。ジェフリーは、父親にいなくなって**ほしかった**し、そして実際に父親がいなくなって、無意識的にジェフリーは、自分の望みがかなったこと、父親がいなくなったのは自分のせいであること、それどころか彼が父親を殺してしまったことを信じた。一次過程では、たとえば殺したいという願望は、殺すという行為と等価で、追放は殺人と等価である。ジェフリーは、仮に彼が父親を愛し、離婚によって意識的には悲嘆に暮れていたとしても、父の追放をもたらしたのは自分だと信じたに違いない。実際には、彼は父親があまり好きではなかった。父を恐れ、彼がいなくなったことで解放されたのだった。

このことは、エディプス・コンプレックスの時期に両親が離婚する子どもがみな、エディプスの勝者になり、それに付随するあらゆる危険にさらされることを意味しない。繊細な親であれば、離婚が子どもをエディプスの勝者にしないことを子どもに明示できる。それでも、エディプス期の子どもが、離婚は自分のせいではないと考えることは依然として難しい。

エディプス・コンプレックスの帰結

エディプス・コンプレックスが究極的に重要なのは、青年期に困難な数年をもたらすからではなく、より永続的な帰結を伴い、非常に問題となりうるからである。稀に、無傷でエディプス期を抜け出して進み、優しさと情熱の双方を感じられる相手を見つける人もいるが、それには、非常に健康で配慮の行き届いた親の助けが不可避である。彼らは、男性との関係でも女性との関係でも、過剰な罪悪感と恐れを免れ、自分が育てられたのと同じ啓けた感受性で自分の子どもを育てることができる。そうではないほとんどの人は、エディプスの重荷に対処することに最善を尽くすほかはない。その重さは、ほどほどのものから大きな打撃を与えるものまでさまざまである。同一人物を愛すると同時に欲望することをいかにエディプスの重荷が妨げるかを、すでに見てきた。ほかの帰結もありうる。欲望の対象である親に執着するほど、付き合う相手に全身全霊向き合うことが困難になる。つまり、私たちは、どこか別の場所に捉われていて、女性から女性へと渡り歩くドンファンのように、無意識的かつ無益に自分の母親を探しているのである。

エディプス・コンプレックスは、私たちの人生を邪魔する術にはことかかない。自身もセラピストであり、非常に知的洗練度の高い私のクライエントは「この女性にアプローチするのが怖いのは、彼女が私の母親**である**からか、それとも、そう**ではない**からか」と、私によく尋ねたものだった。彼の意味するところは、もしその女性があまりにも母親を想起させるなら、近親姦タブーが襲うだろうし、もし彼女が母親を想起させるに及ば**ない**なら、ドンファンさながら、母親への執着に駆られて彼はさらに探索を続け、他の女性に移るだろうということだった。

私は、あるカップルのセラピーを担当したのだが、彼らは付き合い始めはとても満足のいく性生活を送っていた。しかし、関係がさらに親密になるにつれて、男性は次第に性交ができないようになった。彼は、この変化について単に非常に忙しくなってきたからだと言い、また完全にそう信じて、この変化を正当化した。

最終的にわかってきたことは、恋人が「デート」の相手であるときには、自分が彼女に対して興奮することを許せたが、彼女が**妻**や**母親**となるのを予想し始めたら、近親姦タブーが襲ったということであった。加えて、彼はしつこく母親に執着しているのであった。私の知的洗練度の高いクライエントならば「彼女とセックスすることができないのは、彼女が**母親**だからだし、そして、彼女が**母親じゃな**いからだ。」と言うだろう。

どちらの性の子どもにも、どのようにエディプス・コンプレックスの解決に至ろうとするかについては多くの類似点があるが、そのような解決には、女の子に特有のものもあるし、男の子に特有のものもあることに留意することは重要である。

母親と赤ん坊との間の愛着は、概して父親と赤ん坊のそれよりも強力である。親の愛着の強さのこの差異は、ナンシー・チャドロウの観察によると、子どもが成長しても続く。つまり母親の愛は父親の愛より強烈であり続ける。[原注12] というわけで、女の子に比べて男の子のエディプス・コンプレックスがより強烈な二つの要因がある。男の子の場合には、エディプス的な愛の対象は、初恋であるがゆえに、強力である。加えて、母親の愛情は、父親の愛情より強力でありそうなので、男の子のエディプス的愛着は姉妹よりも強く報われる。より強烈であるがゆえに、より恐ろしくもあり、より抵抗にあう。このエディプス的愛着がとりわけ恐ろしいのは、ペニスを持っていることで、父親のライバルにあえてなるなら、その処罰として去勢されうるという危険が伴うことである。

女の子は、もっとゆっくりと、より不完全にエディプス・コンプレックスを放棄する傾向にある。男の子の母親に対する愛に対する葛藤ほど精力的ではないにせよ、女の子も父親に対する愛に抗い葛藤する必要がある。

フロイトの最も説得力がある洞察のひとつは、ある人の同一性は、エディプス・コンプレックスの解決と関連するということである。娘は初めから母親と同一化し、息子は、母親の恐ろしい力から逃れるため、幼少期に父親に同一化していくことをみてきた。エディプス・コンプレックスによって親が危険なライバルになると、子どもは同一化を強化することで防護を得られることを発見する。精神分析では、この現象が「攻撃者との同一化」として描かれている。エディプスの解決の際には、この同一化はいろいろな形をとる。

まず男の子についてみてみよう。同一化の最も重要な形のひとつは、男の子が、母親への性愛願望に対する父親による禁止を**内在化**することである。もはや父親が「汝……するなかれ」と言わなくても、男の子自らの良心、つまり超自我が言うのである。フロイトは、これがいかに興味深く適応的な形の防護であるかを指摘した。危険は外部にある。父親は処罰を、そして去勢さえもするかもしれない。二次過程の世界では父を到底無力化はできない。父親は私よりもずっと強力だからだ。ならば、自分の力が及ぶところ、つまり自分の頭の中で自らを防護すればどうか。そこで私は、自分の中の危険な願望、行為に移せば処罰されるような願望に対して、効果的な禁制を敷く。

ここまではまずまずである。私は、父親と同一化しているので私の男性性は安全であり、近親姦願望を深く埋めている限りは去勢から守られている。しかし、そこには問題がある。私は、母親を愛し、母親と同一化することで自分の同一性を獲得するための旅を始めた。その執着がある程度は残らざるをえないため、女性的な同一化へと退行する危険が常にある。最早期の愛があまりにも同一化と密接に結びついていたので、事あるごとに私のエディプスの頃の愛によってその名残がかき立てられる。女性に同一化することで私の男性性が脅かされ、軟弱さと脆弱性についての、多くの男性が持っている恐怖が生じる。この分析によって、同性愛に対する恐れや嫌悪の蔓延を理解しやすくなる。脅かされているのは私の男性性だけではない。初恋では、私は、母親に同一化し、完全に依存していた。青春期ないし成人期において乳児期の愛や同一化の名残をかきたてられると、自分の自立や自律が脅かされるのである。

エディプス・コンプレックスを解決するのに、女の子が直面する問題についてみてみよう。女の子は、去勢の脅威のもとにはいないということと、若者にとって母親は父親ほどには危険でなさそうということがあるので、男の子のようには、エディプス・コンプレックスを破壊するよう動機づけられていない。それゆえ、女の子にとって父親を愛することと父親に似た相手を捜すことはさほど恐ろしいことではないかもしれない。

とはいえ、兄や弟と同様に、女の子も母親を愛し、同一化するところからはじまる。エディプス・コンプレックスを解決していくにつれて、母親との同一化を強める。初恋というのは、きわめて強力で、そのため男の子にとって、エディプス・コンプレックスは、強烈である。しかし、女の子にとって、初恋の力は、彼女の異性愛的な適応と競合する。つまり、初恋の相手は女性である。エディプス・コンプレックスの解決において母親との同一化が強まると、母親への愛も強まることになる。このことで、彼女は二つの葛藤からなるとてもややこしい立場に置かれることになる。彼女は、エディプス的なライバルに対して、かなりの怒りと恐れを感じる公算が極めて大きいが、この人は同時に彼女の初恋の人であった。これが、一つめの葛藤である。もうひとつの葛藤は、彼女がエディプス・コンプレックスを解決する際の、異性愛的適応と関連する。精神力動的な観点からは、すべての愛に性愛的な要素がある。強い愛には強い性愛の要素がある。女の子は、母親と父親の両方に性愛的な愛着を残しつつ、エディプス・コンプレックスから脱するのである。このことによって、なぜ異性愛の女性が、優しく、愛情に満ち、時として性愛的な、他の女性とのつながりによって育まれるのかを理解することができる。

しかし、多分、思春期の女の子は、兄や弟よりも再接近期の葛藤にさいなまれる。彼女は、母親と親密になることと同一化することを栄養として育ってきたが、その母親は、彼女を成育過程で完全に支配していたその人でもある。女の子は、自分自身の自律性を非常に求め、必要としているが、彼女が母親との同一化によって得られる情緒的な栄養を失いたくないのは無理もないことである。この葛藤は、穏やかであれ厳しいものであれ、母親のみならず他の女性との関係においても、一生を通じて女性にはついてまわるのである。

ジェシカ・ベンジャミンは、思春期の女の子がエディプス・コンプレックスを解決する際に直面するもう一つの重要な問題の存在を指摘する。女の子が育ってきた世界では、男性性、そしてとりわけペニスを所有することが、性的欲望と性的な出会いでの積極的な役回りというものに結びつけられている。[原注13] 女性性は、ペニスがないことを含み、受身性や従順さと結びついている。女の子は、性的に**欲望する**ことは女性的ではないと教えられてきた。むしろ彼女は**欲望される**ように努力すべきなのである。

もう一方で、女の子の生い立ちには父親との同一化という重要な局面が含まれている。エディプス後の母親との同一化は、早期の段階の同一化を根こそぎにするとはとても思えない。したがって、同一化の対象である父親のように、女の子は、**主体性**（agency）を、性的な主体性だけではなくそれも含む主体性を無意識的には熱望しているにちがいない。そして、女の子はここで再びペニスを持たないこととその文化的に意味するものすべてに直面する。

このように、両方の親と同一化するほどに、女の子は、次のような疑問に向き合う。つまり、主体性と性の双方をもつことができるのか。性的に受身的であると同時に積極的でもあることがゆるされるのか。欲望されるのと同時に欲望をもっていいのか。ベンジャミンは、「働きかけ者感覚（agency）[訳注1]を強める同一視的愛と、受動的であれと促す対象愛との激しい葛藤は、自律的な活動と異性愛との折りあいをつけようと女が努力を続けるかぎり、以後も繰り返し再現されることになる[原注14]」という。

フロイトによれば、エディプス・コンプレックスの道のりは障害ばかりである。彼はその道が成功裡に通過されることに疑いを抱かなかったものの、何によって成功か失敗かが決まるのかはしばしば確信がないようだった。親子関係を研究した彼の後継者によれば、愛と配慮に満ちた指導は、上首尾な結果の可能性を最大化するのに大いに貢献できるのだ。その指導には、思春期の子に対して過度に誘惑的になったり攻撃的になったりしないでい

（訳注1）本文では agency を主体性と訳している。

られるよう自制する親の意志がなければならない。

フェミニストの精神分析家が付け加えたことは、ジェンダー間の平等性が進展すると、男の子が女性的なものを捨てることによって自らの同一性を主張することは徐々に必要でなくなってくるだろうし、以前にもまして自分の中の女性的なものを認識したり、胸に抱くことがより歓迎されるようになるだろうということである。女の子が自分の女性性を卑下する必要もますますなくなるだろう。うまくいったエディプス・コンプレックスの最も重要な証のひとつは、男女の間の愛し、尊敬しあう関係であり、お互いの類似と差異を同様に認め合う関係である。私たちの文化が、そうした男女関係を可能にするだけでなく、支援する黎明期に差し掛かっていることを期待できるかもしれない。

ハムレットの逡巡と無力さの問題について何も不可思議なことはないとフロイトが言ったことを指摘してこの章を始めた。シェイクスピアが、深く無意識的なインスピレーションに基づいてハムレットを書いたとひとたび理解したら、その問題は解決するであろうとフロイトは考えた。

劇の筋が教えるところでは、ハムレットは決して、何の行動もできない人物としてはみえてこない。……父の亡霊によって課せられた責務の成就を阻んでいるものは、いったい何か。それは、その責務の特殊な性質である。ハムレットは何事もやればできる人間なのだが、ただ一つ、彼の父を殺して母の傍らの座を占めているあの男に復讐を告げることだけができないのである。その男は、ハムレット自身の抑圧された幼年期欲望を体現しているからである。それゆえ、復讐へと彼を駆り立てるはずの忌み嫌う気持ちは、彼の中で、自己非難ないし、良心の呵責によって代替えされてしまう。そしてこの良心の呵責は彼に向かって、本当のところは彼自身が、罰せられるべき罪人よりもましな者ではないのだ、というのを突きつけてくる。ハムレットの心の中では無意識に留まっていたに違いないものを私が意識に翻訳すればそのようになる。（中略）われわれが『ハムレット』を読むときに出会っているのは、もちろん詩人その人の心の生活であろう。（中略）この作品は、シェイクスピアの父の死（中略）の直後に、つまり父の喪がまだ明けやらぬ頃に、書かれたものだそうである。するとこの執筆は、父に向けられた幼少期の感覚の再現に面しながらであったと推定してよかろう。また、シェイクスピアの夭折した子どもの名がハムネット（ハムレットと同じ）であったということも知られている。（原注15）

ハムレットが母に対して、怒ったり優しくしたりとアンビヴァレントであることを理解することは難しいことではない。ハムレットの父を裏切ることによって、母親はハムレットの最も深い禁じられた願望を刺激した。別の女性、うら若きオフィーリアがこの劇にはいて、ハムレットは彼女と愛を誓い合っていた。彼は、彼女をとても愛してきたとされているが、二人が一緒にいる時には、彼は冷たく攻撃的である。彼の彼女に対する行動は、劇中で人を惹きつける謎のひとつである。多くの可能な説明のうちのひとつは、ハムレットは、母親へのアンビヴァレンスを無意識的に繰り返しているというものである。オフィーリアに対してのふるまい方は、母がほかの男性のもとに行ったのと同じように、彼女が彼のもとを去るように計算されているように思われる。これは、フロイトが「反復強迫」と呼んだものの例である。エディプス・コンプレックスを含む乳幼児期の経験がいかに私たちの人生に影響するかをよりよく理解するために、その過程を探求することは有益であるが、それは次の第5章の主題である。

第5章　反復強迫

ねずみと人とのちがいは、ねずみは迷路の行き止まりでショックを与えられたら、そこには二度と行かないということだ。

――B・F・スキナー、ハーヴァード・カレッジ講義、一九五九

私のクライエントのエドワードは、自分と同年代のカップルと親密な友情を次から次へと築くという癖があった。関係を築くたびに、エドワードとそのカップルの女性との間に性愛的なエネルギーが生じてきて、エドワードはそのカップルとの接触を断たねばならなくなるのだった。その都度、そのことにエドワードは恐怖を覚えていた。彼はそれを偶然だと考えていた。読者のみなさんはこのことをすでに理解しているので、エドワードがエディプス的な固着の一端にいるのではないかという疑念を持つだろう。しかし、読者は、それが固着であってもなくても、どのような無意識的威力によって、エドワードが（そして疑うことを知らないその友人たちが）繰り返し、おなじみの苦痛に満ちた状況に陥るのか、訝ることだろう。

手を変え品を変え、うんざりする状況や関係を不覚にも繰り返し再演しているのはエドワードだけではない。

いたるところにそういう人はいると言っていいほど、ありふれたことのようである。ここで探求しようとしている現象の例を挙げるのは難しくない。

マーシャは、私の学生が担当しているクライエントである。彼女の父親は、並外れたカリスマ性を持っていて、力にあふれていて、しかも成功者である。彼は、驚くことではないが、忙しすぎて、目に入れても痛くない娘に十分な注意を払うことができずにいる。マーシャはこの上ない美人で、それに見合う恋人を見つけてその人をひきつけるための探知機を持っているかのようだった。ある男性が、彼女のことを本当に好きで、その身を捧げようとしているとわかると、彼女はたちどころに、その人に対する関心を失うのだった。

別のクライエントのケビンが惹きつけられるのは、ふつうでは考えられないくらいたくさんの恋人とつきあってきた女性だった。それも一人ではなく次々とそういう女性に惹きつけられることに気づいて、ケビンはセラピーを求めてきた。恋人関係ができあがると、彼は女性の過去の恋人たちに対して怒りを帯びた嫉妬を感じて悩まされた。セラピストには、ケビンが繰り返し恋人を挑発して過去の関係を列挙させているのがはっきりとわかった。ケビンの両親は、彼がとても幼いときに離婚しており、母親には次々と同棲相手が現れた。ケビンは、嵐のような幼少期が、きっと彼の嫉妬を掻き立てるにちがいない女性を求めるというパラドクスと関連していることに、意識的にはまったく気づかずにセラピーを始めたのだ。

これらの例からわかるのは、フロイトが「反復強迫」と名づけたことがらである。友人に見出せば愕然とするし、自分に見出せば絶望するような現象である。友人が破壊的な関係からようやく抜け出したときには、みな安堵のため息をつくが、その友人がまた別の、ちょうど同じような点で破壊的な関係を持ち始めるのを、信じられない気持ちで眺めることになる。前と同じ不幸な状況を何度も繰り返すことは、人間の苦悩の種の大きな要素であり、セラピストがクライエントを理解する仕事にとりかかったら、最初に探求することがらのうちのひとつである。

フロイトは以下のように述べている。

その人間関係がいつでも同じ結末に終わる人々というのが知られている。善行を積みながら、いくばくかの時がたつと自分が大事にした者たちのそれぞれから決まって見捨てられ、恨みを抱き続ける人々。それは、大事にした者たちというのがいかに千差万別にわたろうと、同じことになるのであって、それゆえ、忘恩のあらゆる苦渋をなめ尽くすべく定められているように思える人々である。また、そのあらゆる友情が、共に裏切られる結末となる男たち。あるいは、他人を自分にとっての、また世間にとっての一大権威に持ち上げながら、その後、時を見計らってこの権威をみずから失墜させて、別の権威と取り換えるということを、何度でも自分の人生の中で繰り返す面々。さらに、情愛関係がいつでも同じ経過段階を踏みながら同じ終わり方に至る者たちなど。(原注1)

私は、学期ごとに臨床課程の院生に期末レポートを課しているのだが、その際、反復強迫が彼らの現在の生活に与える影響について記述するという選択肢を提示している。このテーマを選択する院生の多さには、もはや驚かない。親との関係の、特に痛々しい側面を再演するよう仕組まれた恋人を選んでいると自覚して愕然としたと記述する院生が多い。こういったことは、息苦しくなるような侵襲とか、冷淡な無反応とか、満たされない愛情に起因するかもしれない。あたかも、そう書いてくる院生が、繰り返し子ども時代についての芝居の配役を考えては完璧な役者を探している舞台監督であると、無意識的に自分自身をみなしているかのようである。とても教養があったり、たくさんのセラピーを受けてきていたりする院生たちは、配役に長けていることを記述したうえで、無意識的に自分の相手に役の演じ方を教えていた方法についての認識も加えるのだった。

ステファンの母親は成功した教授で、一見して子どもたちとの情緒的な関係よりも知的な関係のほうに関心があった。幼少期にステファンは、母親が魅力的だとわかっていて、たいてい孤独で、子どもにとっては当たり前の添い寝と愛情を求めて、母親の知的な刺激を受け入れていた。彼の当時のパートナーは聡明な特別研究員の院生であった。ステファンは、もともと彼女が本質的に彼の渇望している暖かさに欠けているとわかっていたと報告したが、彼は暖かさが差し出されるといつでも、ものすごく微妙なやり方で引きこもる傾向にあったと実感するようになった。そうして暖かさは徐々に差し出されなくなり、彼は気づくと自分がずっと母親のような女性を選ぶ不運のもとにあったと不満を言っていたのである。

学生たちは自分と権威のある人物との関係を述べることが多く、ときにそれは私との関係である。ジェニファーというある学生が、一般的な学生よりも理屈っぽいことに気づいたが、彼女の論争はいつでもすこぶる友好的とは限らなかった。学期の終わりに、彼女は知的で洞察に富んだレポートを書いたが、それは自分の怒りっぽく拒否的な父親のこと、そして私に地回りの一座で彼女の父親を演じさせようと繰り返し挑発を企てていることを記述したものであった。

たいていの人間の行動のように、これは逆説的であるようだ。なぜわざわざ、まちがいなく痛みと欲求不満を引き起こすような状況を創り出すのか。自分自身の中にであれ、友人の中にであれ、クライエントの中にであれ、この現象をつぶさに見ると、繰返し再生されているのはとても幼いころの非常に痛々しい状況であることが明らかになる。

一見して、その人はその幼いころの状況に幸福な結末を創り出そうと何度も繰り返して挑んでいるかのように見える。しかし、今まで見てきたように、そのようにことは運ばない。仮に再演が幸福な結末を迎えようものなら、その体験はぶちこわしにされ、もう一度おなじみの不幸な状況を再生する青写真へ戻るのである。もともとの、非常に痛々しい状況が固着しているかのごとくである。つまり、あたかも何が起こったのか、そして、なぜ起こったのかを、その人が無意識的に理解しようと繰り返しふるまうように駆り立てているかのようである。幸福な結末を伴う状況が生じたら、それはもともとの状況ではなくなり、**もともとの**状況は、葛藤と欲求不満と罪悪感によって特徴づけられているけれども、その魅力が失われることになるだろう。

フロイトは、反復強迫に魅了されていた。彼は、繰返し同じ遊びをする子どもに当惑した。彼が観たそのような遊びのひとつは、子どもがおもちゃを投げて「行っちゃった」と言ってからそのおもちゃを手繰り寄せるというものであった。彼は、これが母親が立ち去ることを表していると確信した。当初、彼は、重要な点は、手繰り寄せることは母親が出かけたことをこうして打ち消すということだと考えたが、その後その子が、手繰り寄せることを**抜きにして**単に視界にある一連のおもちゃをテーブルの下に投げて、見るからに満足してしばらくの間同じ遊びを続けられるのを観た。母親が立ち去ることにはいつも痛みが伴うが、ではなぜ、その子はそれを繰り返し遊びで再現したのだろうか。

そこでフロイトが目を向けたのは、患者と分析家の関係性にある反復強迫の作用であった。彼は、患者がよく親との関係性を繰り返すように分析家を操作しようとしているのを観ていた。繰り返される関係性は――たとえば、怒りに満ちた拒否的な親との関係性のように――たいてい非常に不快なので、フロイトは、この人たちは彼の云う「不快」を、必要もないのに招いているように見えるのを意外に思った。どうやって彼はその理由を明らかにできたのだろうか。

フロイトは、反復強迫が現れるのは精神分析状況だけでなく、また彼が神経症だと見立てている人々だけでないと気づき始めた。幅広くさまざまな人々に、そして、幅広くさまざまな状況に、反復強迫は起きるようであった。

フロイトは、第2章でみたように、**快原則**が非常に重要であるとみなしていた。彼は、快でありかつ充足した体験のみを探求して人生を送ることは可能なのかと考えた。世界のそして私たちの意識の現実からは、このことは不可能であるので、快原則は、**現実原則**によって持続的に修正され、たいてい欲求不満にさらされる。この原則のもとで、私たちは後になって問題が起きるような快を避けたり、より大きな満足を後で得るために満足を遅らせたりすることを学ぶ。反復強迫は、どちらの原則にも従わないようだった。フロイトは、彼にとって相当な驚きであったが、快原則よりも強大な威力に出会ったようだった。

一九二〇年にフロイトは『快原理の彼岸』(原注2)を出版した。その中で彼は反復強迫を説明しようとした。彼は、再演された出来事や関係性は抑圧された記憶を表しているという発見をその本の冒頭で報告した。患者が、彼に敵意を起こさせようとしている場合、フロイトは敵意に満ちた父親の痛々しい**記憶**が抑圧されていることを見出した。患者の心の中には葛藤があった。無意識の基本的な法則のひとつは、**抑圧されたものは表現されることを求める**というものである。これが表現されると、抑圧によって欲求不満にされた快が生じてくることもあるだろう。自我の主原則のひとつは、**抑圧されたものは表現させられないものである**というものである。このことが、実際、抑圧が意味することである。だから心は、記憶を反復の中で再演するという妥協を思いつく。これによって、抑圧を解かれたいという欲望のいくらかは満足させられるので、抑圧された無意識的なものには快が与えられるし、これがもともとの記憶にあまりに類似していて安楽でいられないため、抑圧する自我には不快をもたらすのである。

この図式は、的を射た試みだったが、フロイトはこれが機能しないとわかっていた。反復強迫の影響下で人は、最初にそれが生じたとき決して快ではなかった出来事や関係性の再演を繰り返し夢に見たり、行なったりしている。つまり、快原則は完全にくじかれたのである。そのうえ、人はもともとの痛々しい状況を完全に覚えていることが多いので、その状況が抑圧されているようには思われない。おそらく人生における痛みの意味を知りたい、つまり何がよくなかったのか理解したい、という欲求が、反復強迫の動機づけの重要な一部であろう。クライエントが反復強迫から逃れられるよう援助することは、セラピストの最大の挑戦のひとつである。クライエントはよく、そのような強迫が顕在化するのを、特にセラピストとの関係性においてどのように顕在化するのかを、学ぶにつれてそこから次第に解放されうる。

クライエントのキャロラインは、しばらくの間私と心理療法を行った後で、あるとき私の上着ポケットから薬の瓶の輪郭が浮き上がって見えると思い、その薬は抗うつ薬であると判断した。彼女は続けて、私が時折どことなく塞ぎ込んだ様子を漂わせていると思うと言った。彼女が言うには、もし私が抑うつの問題を抱えているなら、彼女は扱いにくいクライエントにちがいない、なぜなら一連の彼女の哀しみは私の気分を悪くするだろうから、ということだった。

私は、クライエントが私をどう知覚しているかをいつも真剣にとらえねばならないと思うし、私には、敏感な人が見たら気づくであろうかすかなもの悲しさがあると思えなくもない。しかし、私のポケットに薬はなかったし、私の人生の中でもその時期はたいていかなり陽気な気分であった。私たちは、しばらくの間彼女の関心事について話し合った。私は、彼女が私の気づいていない表情を私の顔に読み取れたのかもしれないというのは、とてもありえそうだと認めた。そして、彼女が私のポケットの中に見たものについての解釈はもっともらしい、ほかの説明がありえるだろうが、と付け加えた。彼女は同意した。彼女は、私がいくぶん抑うつ的であるかもしれないと考えると、私が彼女のことをもっとよく理解できるから、なぐさめになるのだと言った。私は、これが進展の機会であると考えた。

キャロラインは、彼女自身はめったに薬物を使うことはないのだが、今までずっと面倒な男性、たいていは薬物の問題を抱えている男性を選びつづけてきた。彼女は、男性に魅かれるたびにさまざまな理由づけを与えることができた。つまり、彼女は、彼らを薬物の問題にもかかわらず、彼らと関わると面倒なことになるにもかかわらず、選んでいると考えていた。心理療法の最初の二年間で、彼女は彼らの問題ゆえに彼らを選ぶのだということが明らかになってきただけではなく、彼女はうまい具合に彼らが厄介な人物になるよう教え込んでいるということが、明らかになってきた。彼女はけんかを引き起こし、彼らが薬物を使用するのを奨励さえしていた。

覆いがとうとう剝がれ落ちたのは、私たちが想像上の薬の瓶について話し合う数カ月前だった。彼女の恋人のひとりが、睡眠薬常習者の自助グループにやっとのことで参加して使用を止めようとしたのだ。数週間のうちに、キャロラインは彼への興味を失った。しばらくの間、彼女は、彼への感情が冷めてしまったのは、彼が退屈な人になってきて十二段階のミーティングについてしか話せなくなったからだと思っていた。

長い間、私たちは二人とも、彼女の家族システムの無意識的な力動の中で、キャロラインがとても不幸な兄の世話役兼セラピストに任じられてきたと考えてきていた。心理療法の中で、彼女は、いくつかの特定できない方法で、おそらく彼女の存在そのものによって、彼女が兄の苦悩の原因であると推論してきていて、彼女が兄の世話役になるのはしごく公平なことだと気づくに至った。

直近の関係が破綻した後で、キャロラインはもはや自分が兄との関係を繰り返し再演していることを疑わなかった。しかし、洞察はたいして役に立たなかった。つまり、気づけば同じ類の男性に魅かれている自分がいるということは続いていた。

そこに、想像上の薬の瓶と私のもの悲しい表情という出来事が起きた。私は彼女に自分の感情をもっと探るように言った。彼女は、自分が私を悲しくさせているのではないかと心配することがあることと、私が悲しそうだと思ったときにより楽しい話題を話して私を元気づけようとしていることを告白した。彼女は、そのような心配事をよそに、悲しんでいるセラピストといっしょにいると自分は調子が良いように思うことを繰り返し述べた。彼女は、よく笑う少年のようなセラピストは受け付けられないだろうと考えた。

私は、そのことすべてがよくわかると言った。私は、彼女に、どうして私が悲しんでいたり抑うつ的ですらある人だと思うようになったのか、もっと話すように言った。彼女は、自分がなかなかよくならないことで、特にあんな負け犬たちと付き合うのを止められないでいることで、私が悲しむと思うことがよくあるのだと言った。

私たちは、このことを数週間にわたって話し合った。私が、彼女の私との関係が、彼女と恋人たちとの関係のように、また別の再演であることを指摘する必要はなかった。ある日、彼女は「では、あなたは兄の再演のまた別の一人にすぎないのね」と言った。一年後にセラピーが終了したとき、彼女は別のタイプの男性とデートをしていた。

読者は、フロイトがこの魅惑的な現象を理解するための研究として次に踏んだ一歩を知ることに興味を持つかもしれない。『快原理の彼岸』で彼は、快原則は、結局のところ、もっとも強い力ではないと述べた。彼は退行的な**本能**を発見したと考えた。彼はここで、私たちのなかで動いている二つの主な力があり、それらは死闘し続けていると考えた。このような力の一つめは、**エロス**の本能つまり生命エネルギーによって成り立つような力であり、それはものごとを結び付け人生を動かす方向へと動くものである。主な力の二つめは、破壊の本能によって成り立っており、それは宇宙の構成要素という本来の状態を回復する方向へと逆に動くものである。彼は、破壊にはエロスと争い続けている「死の本能」が含まれていると考えた。私たちの攻撃的であることや破壊的であることは、すべてこの二つめの本能の集まりから生じている。彼の考えでは、反復強迫はこのような本能の一部で、つねにエロスと争ってより昔の状態に戻そうとする退行的な本能の顕れである。フロイトは、反復強迫は快原則よりも強力であるとみなした。彼はこの考え方を『快原理の彼岸』から十年後に出版された『文化の中の居心地悪さ』で要約している。

何かしらすっきりせず、言ってみれば、理由を説明できないながら、欲動がすべて同種のものでありえようはずがないという確信のようなものが残ったのである。私が次の一歩を踏み出したのは『快原理の彼岸』においてであり、このとき初めて反復強迫や欲動生活の保守的な性格が私の注意を引いたのだった。生命の始まりについて思いをめぐらし生物学上の類似を辿ることから出発して、私は、生命実体を保存しこれを次第に大きな単位へ統合しようとする欲動のほかに、それと対立して、これらの単位を溶解させ、原初の無機的状態に連れ戻そうと努めるもうひとつ別の欲動が存在するに違いない、との結論を引き出した。つまり、エロースのほかに死の欲動というものがあり、この二つの欲動が一緒に作用したり互いに対立して作用したりすることから、生命の様々な現象が説明できると考えたのである。ところが、そこで想定したこの死の欲動の活動を挙げるのは容易ではなかった。(原注3)

フロイトは、この二元論的な宇宙観に魅了されており、これは証拠のない思弁であると心底わかっていたにもかかわらず、それに最後までしがみついていた。今や反復強迫は広く受け入れられた素晴らしく有用な臨床的事実だが、その誘因についての謎は本質的に解き明かされないままである。加えて、ほとんどの精神力動的な理論家は本能的な攻撃性の存在を受け入れているとはいえ、最も正統的なフロイト派だけが死の本能についての理論を臨床的にまたは理論的に有用だと考えている。しかし、私たちの魂をめぐって争っている二人のとてつもなく大きな巨人がいるというフロイトの見解には、壮大な詩的影響力があることを否定するのは困難である。

第6章　不　安

明らかに必要なことは、不安の正体を教えてくれる何ものかをみつけることである。
——ジグムント・フロイト『制止、症状、不安』

生活上の問題を理解したり、緩和したりしようとする人は誰しも、不安の問題に対処しなければならない。不安は、認知的な説明がつく場合もつかない場合も含め、たとえば心拍数の上昇や呼吸数の増加といったお馴染の不快な生理的な事象の一群と暫定的に定義しうる。つまり、私は不安である理由を知っているかもしれないし、知らないかもしれない。精神力動的には、不安は「恐怖」と同義的に用いられるようになってきてしまった。フロイトはかつて「厳密な用語法」としては、何が心配かわからない時には**不安**（anxiety）を用い、何が心配なのかわかっている時には**恐怖**（fear）を用いるとした。しかし、のちに判明したことには、フロイト自身にとっても後続の多くの著者にとっても、それでは精確すぎて使い勝手がよくなかった。

第2章で、抑圧が過少だと、際限のない混沌が心を支配することになり、困難にあうことを見た。過剰に抑圧しても困難が生じることを見てきた。多分、同じことは不安についても言える。不安についてのフロイトの理論を吟味していくと、私たちが不安なしにはやっていけないことが（もしまだならば）明らかになるだろう。ある最適な量の不安すらなかったら、やみくもに深刻な危険に立ち入ることになるだろう。とはいえ、ほとんどの人は適切な量よりもかなり多い量の不安にさらされていて、不安は私たちの抱える問題の因果関係のどこかに介在している。

フロイトは、繰り返し不安の問題を熟考した。早期の論文で考え、そして晩年にも依然として取り組み続けた。彼は、不安が抑圧によって引き起こされると仮定することから始めたが、これから見ていくように、ほどなく論理的な苦境に陥っていることに気づいた。彼の不安についての思考の歴史は、彼の理論の発展において最も興味深いことの一つである。

不安についての第一の理論

キャリアの初期に、フロイトは一九世紀の良き科学者らしく、物理学的なモデルに依って考えた。これらの一つは、水圧エネルギーのモデルであり、一八九七年に始まる最初期の心理学的な著作に言及がある。彼はまた、物理学の原理の言葉で考えたが、その中の一つは、エネルギーのシステムが、恒常状態を志向する傾向をもつという「恒常性の原理」であった。性的な欲望が沸き上がり、それがせき止められると、相当量の圧力エネルギーとなる。エネルギーのシステムが恒常状態を維持する傾向があるので、その有機体は、この増大した興奮を減じる途を探すことになる。もし、このエネルギーが性的なはけ口から放出できないなら、別の途を求める。フロイトは、最もありそうなはけ口は、不安という生理現象だと考えた(原注1)。彼は、この理論を、**中絶性交**つまりオーガズムを伴わないセックスをする男性患者の観察によって導き出した。彼の時代は、便利で効果的な避妊が普及する以前であり、**中絶性交**はかなり一般的であった。フロイトは、もし患者が著しい不安を報告したら、その背後には、性的な衝動の抑圧があるに違いないと思っていた。そのせき止められたエネルギーは、**中絶性交**ほどあからさまに性的でないかもしれないが、不安の影には性的な閉塞状態があることは確かだと考えていた。その理論は、単純で整っており、そしてフロイトが打ち立てようとしていた秩序ある生物学的なシステムによく適合していた。その唯一の問題は、それが明らかな論理的矛盾を含むことであった。

第二の理論

フロイトは第一の理論を長年主張し続けた。一九二六年に『制止、症状、不安』(原注2)を出版し、その理論の論理的矛盾をその中で指摘して、前の理論が十分ではないことを認め、不安に関する新しい理論を提案した。精神分析の発展において、データが理論にもはや合致しなくなったり、現象を概念化するより良い方法が見いだされた時に、フロイトは変節も辞さないことが幾度かあったが、これもそのうちのひとつであった。不安についてのフロイトの第二の理論は今世紀初頭現在ではおよそ七五年前のものだが、そうであっても、不安を研究する力動的な心理学者の多くまたはほとんどにとっては、それが手持ちの最善の理論である。

フロイトの当初の考えにおける論理的矛盾は、次のことだった。もし、抑圧が不安を引き起こすなら、何が抑圧を引き起こすのか？　もし私が性的な衝動の幾分ないしすべてを抑圧したとすれば、なぜそうしたのか。唯一のありえる理由は、不安そのものだということがフロイトには明らかになった。もし**何か**を恐れているのでないとしたら、私はこんな犠牲の大きい抑圧を実行したりしないであろう。私が恐れるべきものはいくらでもある。何らかの方法で肉体的に傷ついたり、罰せられたりするのを恐れるかもしれない。罪悪感に苛まれるのを恐れるかもしれない。衝動が満足されないことやひどい欲求不満になることを恐れるかもしれない。いずれであれ、強い恐怖があれば、それを除去しようと危険な衝動を抑圧するのがありうべき対処方法の一つであろう。

フロイト曰く、抑圧が不安を引き起こすと言うことはもはや不可能だった。状況は真逆で、不安が抑圧を引き起こすことが明らかだったからだ。では不安がせき止められたエネルギーがシステムから漏れ出たものに過ぎないと言えないなら、それを私たちはどのように理解**したらよいのか**？

フロイトは、彼の格好のよい物理学的モデルを捨て、考えに考えを重ねた挙句今なお越えられない心理学的理解に到達した。すなわち不安とは、危険に直面した際の無力に対する反応に他ならない。危険に出くわすと、不安は自動的かつ瞬時に作動する。危険がまだ接近中なら、不安とは危険に直面したときの無力の**予期**(anticipation)である。不安の圧倒的大部分は、この予期という分類に入る。

もし、ライオンがまさに自分を襲おうとしているのを見たら、ライオンが私に爪を食い込ませると私の体になにが起こるのか大体わかる。私の心拍は増し、呼吸が速く、浅くなり、そして突然アドレナリンが分泌されるだろう。だから、ライオンが向かってくるのを見ると、これらの現象の弱まったバージョンを私の体は作り出す。それは「さあどう感じる？　こんなもの、実際にあのライオンにつかまったときに感じるものに比べたら何でもないよ」と私に語りかける。この身体的な変化の知覚こそが不安の体験に他ならない。それらの機能は、迫りつつある危険に対する**警告**として働くとフロイトは考えた。警告の目的は、切迫した危険に対して行動するよう合図することである。

性的な不安が性的な衝動を抑圧する原因となるかもしれないということに注目することによってこの第二の理論の検討を始めた。性的な不安と抑圧との間のこの関連は、フロイトの新しい理論をどのように描き出すのか。仮に私がセックスはどこか恥ずかしいことであると、どれほどやんわりとにせよ、結果的に教えられてきたとしよう。次に、私が性的な機会に直面しているとしよう。もし衝動に従ったら、ひどく罪悪感を持つだろうことは判りきっている。フロイト流に言えば、私は超自我つまり良心によって罰せられるのだ。今や、攻撃的なライオンにかわって、脅迫的な超自我が出現する。超自我による攻撃を予期すると、アドレナリンが噴出し、心臓が激しく鼓動し、危険を回避する方法をみつけなければ、一層の不快に直面せざるをえないと警告される。性的衝動の抑圧は、取りうる唯一の解決法ではないにせよ、ありそうなひとつの解決方法である。その性的機会の場から単に立ち去るだけでは、結果として生じる欲求不満や後悔の可能性に対処しなければならない。他方もし衝動を抑圧することに成功すれば、超自我による攻撃が引き起こす欲求不満と罪悪感の両方から免れうる。不安が、超自我からの危険を警告し、その危険から逃れて、不安を緩和することを可能とするのが抑圧である。したがって不安が抑圧を引き起こす訳である。

抑圧は完全なものとは限らない。不安によって誘発された部分的に有効な抑圧のために、性的な状況で私の行為や楽しみが損なわれるかもしれない。これはよく散見される妥協である。「やるべきでないのは承知だが、もしうまくやれなかったり、十分楽しめなかったりすれば、さほどに罪悪感を感じずに済むのではないか」とあたかも私自身に無意識に語るようなものだ。うまくやれない可能性は、この状況では、きわめて高い。実際、しばしば不安が神経系統に影響を及ぼし、セックスの行為と楽しみを邪魔する。

この性的な状況にともなうほかの危険も想像しうるだろう。現場を人に見られるかもしれない。妊娠や病気の予防がどの程度万全か不確かかもしれない。これらのどれもが攻撃的なライオンとなり、危険直面の際の無力の予期という警告信号を引き起こしうる。

十分に準備できていない授業を行う予定がある時に、私は不安のありとあらゆる身体的兆候を感じる。失態を演じて学生に笑われる危険があるからだ。その危険に直面しての無力を私は予期し、私の身体は授業から逃げ出せと警告しているのだ。かつて私は、よく小型飛行機で飛行したものだったが、天候が怪しげだと、しばしば恐怖を意識的に自覚はしなかったものの、搭乗の朝にお腹を壊す傾向があった。

フロイトの理論が説くのは危険の予期だけでなく、危険に直面しての**無力**の予期でもあることを念頭に置くことは重要である。危険に対処する能力に自信があるなら、警告は不要であり不安も生じない

危険を予期することは、一定の身体的な現象を生むことになるとすでに述べてきた。フロイトの理解によれば、これが起こるのは、生まれた瞬間に突然増大する不快な状況に対する身体の反応の仕方のためである。すべての

肉食系の哺乳類と人間以外の霊長類は危険に対して同じような身体的な反応を経験するので、この突然の不快な状況に対する反応は神経学的に固有で変わりにくいように思われる。子宮の中では、刺激は調整され、制御される。誕生の際には、刺激が、突然、困惑するほど増大するので、不快として経験されるに違いない。乳児の身体は、私たちが不安として認識する、心拍数や呼吸の突然の激変を含む、あらゆる変化を伴って反応する。フロイトは、これを「外傷的な瞬間」と呼んだ。実際、これが最初の外傷的瞬間である。しかし、乳児は**不安**をこの瞬間は経験していない、というのは、彼らは危険を予期できないからである。けれども彼らは**無力感**は経験できる。彼らはこの新しい歓迎しない刺激をどうしようもない。これが、危険に直面しての無力感の原型になる。

乳児は母親の存在が重要であることについて、とても早い時期に学ぶ。空腹、苦痛、不快など好ましくないことが起こると、乳児はそれを改善することに関して無力である。母親またはその代わりの人だけが、その不快を終わらせることができるのである。非常事態の際に、母親がいることが重要であることがほどなく明らかとなる。無論、母親の存在は他の理由でも強く望まれる。彼女は、愛と快の源に他ならない。しかし、彼女の不在が**危険**なのは、困難が生じた時に誰も助けてくれる人がいないからである。これが、乳児の発達において**予期**が習得される時点（六カ月か七カ月）である。これは、大きな一歩である。乳児は母親の不在を察知すると、今や自分自身に向かって「今は大丈夫だけど、すぐに具合悪くなる**かもしれない**し、もしそうなったらママはここにいないから、どうしようもなくなるぞ」と語りかける。危険に直面しての無力状態に対する警告としてのひとかどの不安が今や起こりうるのである。乳児はこの不安を体験し、泣き叫ぶ。そして幸運なら危険を実際に起こる前に回避することを学ぶ。生き残りの観点からは、この予期という仕組みは非常に適応的だが、心理学的にはそれは滑りやすい坂道のようなものである。と言うのも子どもは母親の愛情と保護を取り上げられかねない原因になるようなことを恐れ、したがって抑制することを遠からず学ぶ。つまり、実際の不愉快なことが起こる何段階も前に不安の引き金が引かれてしまうのだ。

私は、母親を傷つけたり、怒らせたりしたとわかった時にひどく恐怖を感じたことを大変鮮明に憶えている。私は暴力的な家で育ったわけではなく、いずれの親にも殴られた記憶はない。罰を与えられることも、特権を奪いとられることも滅多になかった。にもかかわらず、いずれかの親とトラブルになりかねないという些細な兆候ですら、私を恐怖でいっぱいにした。フロイトはこの現象は誕生時の外傷的な原体験に直接起因するものと考えた。次の段階はさらに犠牲が大きい。両親の不興を買うようなことを何か言ったり、やったりすることを**考える**だけでも不安の引き金が引かれるように早晩なる。人生を通じて、私たちの最も基本的な恐怖は大切な人や大切な対象を失うことのそれであるとフロイトは考えた。大切な人の**愛**を失うことは心理学的にはその人を失うのと同じである。フロイトにとって、喪失に対する反応は痛みであり、喪失の予期に対する反応は、不安なのである。

フロイトは、不安を、現実的不安（realistic anxiety）、道徳的不安（moral anxiety）、そして神経症的不安（neurotic anxiety）の三つに分類した。不安は自我の働きであり、自我は要求がましい三つの力である外界、イド、そして超自我に対処しなければならない。これら各々が独自の不安を生み出す。現実的不安は、外界に存在するもの（ライオンの攻撃）への恐怖であり、道徳的不安は超自我による処罰の不安である。（この目論見を実行しようものなら、私は苦痛なまでの罪悪感を感じるにちがいない。）神経症的不安は意識的に認識された対象を欠いた恐怖である。（私は、恐怖を感じるが、なぜなのかわからない。）神経症的不安は、イドの中で生まれた埋没させられた衝動から派生し、隠されていた衝動がひとたび明らかになれば、不安は結局、現実的不安か道徳的不安のいずれかと判明する。そもそもその衝動が恐ろしく、ゆえに抑圧された理由は、その衝動を実行していたならば、現実の危険や過酷な罪悪感をもたらしていたであろうからに他ならない。

フロイトは、母親に対する強い近親姦的な愛に怯える小児患者「小さいハンス」(原注3)の例を挙げている。真の原因はハンスには隠されているので、これは神経症的不安である。また、この近親姦的な愛を行動に移したら外界で処罰されるので、現実的不安でもある。ここまで読み進んでこられた読者には、近親姦衝動に対する処罰としてハンスが究極的に恐れたものが何であったかはお判りだろう。彼は、馬にかまれることを恐れており、それをフロイトは去勢の恐怖と解釈した。

フロイトは、去勢不安が男性における過剰な抑圧と神経症の主な原因だと考えた。彼はたとえば、どんなに予防策をとったとしても性病にかかることを恐れる男性が大勢いることを指摘した。女性においては、母親の愛情を失うという原恐怖から、愛を失う恐怖が派生し、これが過剰な抑圧と神経症を引き起こすとフロイトは考えた。これは、性的な衝動が部分的または全体的に抑圧されているので神経症的不安である。また外界における痛ましい結果を恐れるので現実的不安でもある。

神経症的不安は、未確認かつ無意識の危険に対する恐怖なので、心理療法の目標は、その危険を知らしめて、対処しうるようにすることにある。広場恐怖は良い例である。広場恐怖を持つ人は、外出して人前や街中に出るのを恐れるが、当人も理由がわからない。わかるのは、そうした状況が、強烈かつしばしば耐え難い不安の感覚を生むということだけである。広場恐怖の既知の原因の一つは、次のような連鎖である。私は、満たされない強い性的な願望でいっぱいであり、それを行動に移すようなことがあれば罪悪感を持つだろう。もし私が人前に出れば多くの人に会うことになり、その中には衝動を行動に移したい気持ちを掻き立てるような人もいるだろう。もし、誘惑が強かったら屈してしまうかもしれず、このように潜在的な危険はどこにでもある。大事に思う人々の愛と尊敬を失う。ことによると悪い病気をもらうかもしれず、もし男性なら何らかの意味で傷つけられるかもしれない。そしてとりわけ良心の呵責で、生まれてこなければよかっただろうと思うだろう。外に出ようと目論む都度ひどい危険を予期し、街での誘惑を避けるように警告する不安が起こる。外に行こうとする考えがなぜそんなに怖いのかわからない。私がわかるのは、恐ろしさのみである。

問題における不安の関与

先に記したように、すべて問題の因果連鎖のどこかに不安が介在している。不安が重要であることはいくら強調してもし足りない。私は、かつて何年か住んで気に入っていたアパートから立ち退かされた。アパートが売れるので引っ越さなければならないという通知を受け取った時、私は深刻なパニック発作を経験した。発作は、何日か後におさまったが、ひどい不安が残った。すぐに同じ界隈にほかに良いところがあることを知ったが、それがわかっても不安は軽減しなかった。年を取った家主は衰え、彼の妻は建物を売りたいと言っていたので、いつか引っ越さなければならないという予期はあった。不安は強く残り、新しいアパートに引っ越してから数カ月してようやく徐々におさまった。セラピストの友人は、私のその不安が強すぎると示唆した。私は、その根となるものを発見しようとしたが、それを試みるたびに不安は高まり、すぐに私はその努力をあきらめなくてはならなかった。

外的状況は現実ではあるものの、些細なことだ。何か無意識のことが明らかに結びついた。引っ越してから一年後に、ついにそこに結びついた神経症的不安を探し出すことができた。十三歳の時に、父親が年若くして心臓発作で何の予兆もなく亡くなった。悲歎にくれた母親が、私をつれて出奔した。私たちは即座に町や、友人や、すべての馴染のものと縁を切った。母親は人目を忍び、しばらくの間、私はほとんど知らない親戚と共に馴染のない所に住んだ。悲しみが癒えた時、母親は結婚前の仕事である役者に戻った。私たちは小さなアパートに一緒に住み、ほとんど顔を合わせることがなかった。私はすべてを失ったと感じた。

アパートを失うという些細な不便に神経症的不安が結び付いていたことは想像に難くない。差し迫る家主の死、建物の売却、そして家の喪失が過去の喪失を呼び起こした。しかし、神経症的な不安は何だったのか？　すでに第4章を読まれた読者はもうおわかりかもしれない。私は十三歳で、それは、エディプス・コンプレックスが急に強くなる時期である。私は父親にご退場願いたいと無意識に望んでおり、その願いが恐ろしくもかなったものとみてよい。一次過程の領域では、願望は実行と等価であり、それゆえ今や私は父親殺しで有罪なのである。父親殺しの古典的な処罰は、エディプスの運命同様に追放である。そして、罪が確認されるのかの如くに実際に私は追放された。気が付くと、若くて美しい母親と寝室が一つしかないアパートで住んでいた。私は彼女とほとんど顔を合わせることがなかったが、エディプスの勝利が遂げられた事実に変わりはなかった。

子ども時代のシナリオが繰り返されたとき、過去の不安が表面化する。それはフロイトが道徳的不安または超自我の不安と呼んだものである。私の良心が究極の罪のかどで厳しく私を罰するという恐れである。その罪とは、父親殺しと近親姦である。加えて、この新しい追放は、もともとの追放による痛みが再発するのではないかという無意識的な恐れを引き起こしたのである。

ハムレットの金縛り状態の原因である不安は何か。もし、彼の叔父が死の報いを受けるのにふさわしいなら、彼も、叔父と同じく罪を犯しているので、同じ運命に値する。無意識に彼が恐れていたのは、もし叔父を殺したら彼もまた死ぬであろうことであり、そして実際そのようになった。彼はまた、無意識的な超自我の不安を抱えており、すなわち自分よりも罪深くない人を殺したなら良心によってもっと厳しく処罰されるだろうことを恐れているのである。

およそすべての神経症的な問題の因果連鎖のどこかに不安が介在している。

ジャニーは、孤独な若い女性のクライエントで、触れ合いに飢えていると自分でもわかっていたにもかかわらず、友人や恋人の候補から誘われても後ずさってしまう。触れ合いが導く、親密さに付随する何か名状しがたい危険を彼女が恐れていることを突きとめるのに数カ月かかり、彼女の触れ合いに対する恐怖が子ども時代のある出来事につなげられるまで、その危険は名状しがたいままに留まった。五歳の時、彼女が家族の中でただ一人本当に信頼していた愛する父親が、予告なく家族を捨て、消息を絶ってしまった。それは心を打ち砕くようなトラウマだった。親密さを予期するたびに捨てられるという無意識的恐怖に襲われることをジャニーは次第に学んだ。

第4章で登場したジェフリーは、両親の離婚後母親との濃厚な関係の中に取り残されたエディプスの勝者である。彼の問題は、妻との関係における性的な制止であった。ジェフリーは、精液を目に見える形でシーツに残して母親がそれを洗うようにすることによって象徴的な近親姦を働いたと無意識的に考えていた。一次過程の論理に従うとすべてのセックス、少なくとも女性とのセックスは罪である。したがって、セックスについて考えるだけで、彼は良心に罰せられるという無意識的な恐怖でいっぱいになった。重ねて、彼は自分が母親のものだと思い、他の人とセックスすることで不義を働いているのだと思っていた。彼は無意識に母親からの復讐を恐れていた。

如何に不安は軽減されるのか?

不安は、それが主訴症状のひとつであれ、または隠れた病因であれ、いかにして軽減されるべきだろうか。精神力動的なセラピストにとって答えは明確である。ある隠された理由によって不安はそこまで強く、そこまで厄介になっているのだから、その理由はいずれ可視化されなければならない。私がアパートを立ち退かされた時(訳注1)のように、時間の経過が不安を減じることもあるが、そうはならないことがしばしばである。ジェフリーは両親との関係について多くを知ることで、ようやく彼の埋もれた不安が表面化して後に減少し、セックスに対する制止から開放された。

精神力動的な方法に加えて、不安を減じる主な手法が他に二つある。「認知療法」は、恐ろしい状況も見かけほど危険ではないとクライエントが理解することに役立つ。精神力動的なセラピストは、この手法は、現実的だが問題の無意識的な根に届くのかについて、当然のことながら疑問をもっている。認知療法のセラピストは、それは問題ではないという。議論は決着しないままである。

「系統的脱感作法」は、一九五〇年代に南アフリカの精神科医であるジョセフ・ウォルピ（原注4）によって発展し、古典的（パブロフの）条件付けのモデルに基づいている。学習理論を研究する心理学者に観察されたことのひとつは、望ましくない反応が、それと相容れない反応を被験者に教えることによって除去できることである。ウォルピは、**リラクセーション**は不安と相容れず、被験者が、恐怖の刺激を前にしてリラックスするように言われると、不安でいることは不可能であると推論した。彼はさらに何か恐ろしいものを前にするとなかなかくつろぐのが難しいであろうから、恐怖には段階的にアプローチする必要があることを推論した。ウォルピは、緊張を解いた被験者に恐ろしいものを**想像**させたり、だんだんとその状況のさらに恐ろしい側面を想像させるだけで不安の軽減を成し遂げられることを見出した。ウォルピはすべての問題は**恐怖症**として理解できると思ったので、恐怖症、つまり、危険に対するクライエント自身の評価にそぐわない対象や状況への恐怖を扱うことを通じて彼の技法を開発していくことにした。クライエントは飛行機事故がない可能性がとても大きいことをよくよく知っている。にもかかわらず、飛行機が離陸し始めると怖がるのである。

飛行機に乗る恐怖があまりに深刻で就職の機会が制限されるような人を想像しよう。ウォルピならば、患者の過去や無意識には興味を持たず、クライエントと一緒に作業して、恐ろしい状況を、最も軽微なのから最も深刻なものまで並べた階層表を作る。たとえば、最も軽微なのは誰かが「飛行機」の語を発するのを耳にする状況であり、最も深刻なのは、雷雨が猛威を振るう中を自分が飛行機に乗る状況である。次にウォルピはクライエントにその階層表の最初の最も軽微な段階を思い浮かべながら緊張を解くように指導し、「漸進的弛緩法」とよばれるリラクセーション法を教える。不安なくそれを行えたら次の段階に進み、クライエントが最も深刻な段階を恐怖なしに想像できるようになるまで続ける。ウォルピの研究では、いったんクライエントが想像した状況の階層を習得したら、実際の状況にも有害な不安を感じないで向き合うことができることが示された。

ウォルピに対する批判は、たとえそのようにして恐怖症を治せたとしても、いつもそれが一時的消失であることや代替症状が現れることとの危険がある、なぜなら根本にある原因を扱っていないから、というものである。クライエントに意識的な不安がなく、まさに自覚がないため、ジェフリー(訳注2)のような問題にその手法は適用できないという批判も付随している。科学的な視点からは、ウォルピの技法が有効か否かの判断は未だ下ってはいない。

ウォルピの仕事に興味を持つようになった精神力動的なセラピストのあるグループが、以下の可能性について思いを巡らせた。私たちは、症状は、無意識の現象によって引き起こされると考えており、したがって、症状と背景の原因との間を繋ぐものが必要となる。もし、精神力動的な心理療法で根本的な原因が成功裡に扱えるなら、症状は消える。しかしここで、因果連鎖が逆の方向に働くことはありえないだろうか。つまり、ウォルピのような技法で症状を扱う結果、因果連鎖が弱められたり、根本的な原因が除去すらされることはあり得ないだろうか。

私はかつて、通勤途中にある橋の上り坂の部分を運転している時にいつでもパニック発作を起こすという男性を治療していたことがある。そのクライエントは修士号保有者でとても成功してもいたが、父親は、ブルーカラーの労働者で怒りに満ちた、執念深い人だった。私たちは、父親「よりも出世すること」に対するクライエントの罪悪感と何かしらその報いを受けるという彼の恐怖について何カ月かにわたって取り組んだ。私たちはまた、

(訳注1) 原書ではGregoryだが、第4章に登場したジェフリーを指すことが文脈から読みとれるため、ここでは修正した。
(訳注2) 右に同じ。

父親を超えることと傾斜した橋を「上る」ことの間の象徴的な結びつきについても取り組んだ。何カ月か後に彼の橋に対する恐怖は消えた。私たちは、そのあと何年も彼を悩ますほかの出来事について取り組んだ。恐怖症は決して再発しなかった。この橋恐怖を治療する際に、仮にもし私がウォルピの技法を選択し、成功していたならば、果たして何がどうなっていただろうかと推測するのは興味深い。果たして連想の鎖は逆に向かい、父をしのぐことへの罪悪感や恐怖を減じえただろうか。

これはすべて単なる推測にすぎない。フロイトならばこの「結果から原因に遡る」仮説をさほど信頼に足るとは思わなかっただろうということに私たちは留意すべきである。それでもなお、もし恐怖症がクライエントの主な問題で、ひどく有害ならば、ウォルピの系統的脱感作法は、それを扱う最も効果的な心理学的な方法だと思われる。その後に、ほかの問題をクライエントが違う種類のセラピーで取り組みたがることもあるだろう。また薬剤とりわけ抗うつ剤のいくつかで恐怖症を治療するという重要な発展があったことに私たちは留意すべきである。

ウォルピの方法の有効性は、どのように症状が獲得されたかが症状を除去する最善の方法を決定するとは限らないことを含意している。フロイトは、不安の発生起源については全く正しかったかもしれないが、同時に不安の中には精神力動的な方法以外の方法で軽減されうるものがあるのも真実である。

不安にわれわれがどう対処するかを理解することはフロイトの最初の関心事の一つであり、それが彼を第7章の主題、防衛機制に導いた。これを次に検討する。

第7章　防衛機制

すべてが帰結されるところのフロイト派の主要な概念は、精神疾患は不安に対する防衛の結果であるとみなしている。
——ピーター・マディソン『Freud's Concept of Repression and Defense（抑圧と防衛に関するフロイトの概念）』

生れ落ちるのとほぼ同時に、私たちは避けがたい葛藤に出会う。満足を求めるいやおうなしの衝動がある。これらに対置されるのは外界であり、このような衝動の多くを満足させようとする企てに対して懲罰をほのめかす。それが最初の葛藤であり、さまざまな現れ方をして一生続くのである。幼少期には、また別の力が出現し、私たちはそれを扱わなければならない。それは超自我、つまり良心であり、罪への処罰をほのめかす。精神分析は、これらの葛藤とそれらがどのように扱われるかに関する研究である。

フロイトは、私たちの精神内界を次のように描き出している。これまで見てきたように衝動はイドに発する。そして、**自我**はイド、外界そして超自我のあいだの葛藤を処理する役割をもったパーソナリティの部分である。自我は、衝動を少なくともいくぶんは満足させようとしつつ、私たちを危険から遠ざけておくことを試みる。自我は、心的苦痛を最小限にしようとしなければならない。とりわけ、自我は私たちを三種類の不安すべてに打ち負かされないようにしておかなければならない。三種類の不安とは、現実的不安、道徳的不安そして神経症的不安である。これは、容易な任務ではない。衝動がいくらか満足しそうになると、罰を受けるという恐怖が湧き上がってきて、大きな不安を引き起こすのである。しかし、衝動を無視しようと意識的に決めると、ひどく欲求不満にさらされるだろう。

このようなジレンマを解決しようとする自我のあまたの企てを、フロイトは**防衛機制**と名付けた。彼は、防衛機制は精神分析の土台であると繰り返し述べた。防衛機制を理解したならば、精神がどのように動いているのかを理解できるはずである。そうすれば神経症も理解できるはずだと、フロイトは付言しているが、彼もその後継者も、だれも防衛機制を用いることが常に病理的であるとは考えていなかったことを覚えておくのは重要である。見方を変えれば、私たちはみな防衛機制を用いているし、そうしなければうまく生きていくことができない。防衛機制は、自我によって過剰にまたは硬直的に用いられる場合にのみ問題となるのである。

身体医学では当たり前に見られることであるが、身体が病気や傷を緩和することに過剰に没頭して、病気や傷そのものよりも悪い状態を生じさせてしまうことがある。フロイトが防衛機制は神経症を理解する鍵であると述べているのは、それと同様の含みがある。人は自分を不安から守ろうとして、永続的に性格の一部となってひどく重荷になるような過剰な防衛方法を実行することがある。

多様な防衛機制の中で、フロイトはまず**抑圧**に焦点を当てた。この機制については、第2章で見てきたとおりで、過度の抑圧がいかに人生の重荷になるかがわかる。のちにフロイトは、他の機制も追加したが、それらについて系統立てた説明を順次行うことはなかった。その仕事は彼の娘であるアンナ・フロイトに引き継がれ、彼女は一九三六年に『自我と防衛機制』(原注1)を出版した。これは、今でもこのテーマについての基本的な精神分析の文献のひとつである。彼女は父親の著作から防衛を列挙して数種を付け加えたが、本書では最も重要なものを見ていくこととなる。

ここでは、古典的な定義づけとは異なる**防衛機制**の定義を提案することとする。どう違うかは、この章で後ほど検討していく。ここでの定義づけは簡便であることを優先している。**防衛機制は、人を不安から守ることを意図した知覚の操作である。その知覚は、自らの感情や衝動といった内的な事象にまつわるものでありうるし、他者の感情や世の中の現実という外的な事象にまつわるものでもありうる。**

抑圧

抑圧という、もうすでに馴染みのある機制を細かく見ていくことでこの定義は説明されうる。抑圧は衝動または感情を意識から締め出すことを意味する。このように、抑圧は内的事象の知覚についての操作である。

禁断の相手に対する性愛的な欲望は危険である。もし私が欲望する相手が、自分の親か子どもかきょうだいか、ことによると（自分を異性愛であると規定している場合には）同性の人物であれば、その欲望に気づくことで、私は痛ましい罪悪感を持つ危険にさらされる。その欲望を表に出せば、さらなる危険、つまり恥をかいたり罰せられたりする危険にさらされるだろう。衝動に気づいて完全に隠しおおすなら、罪悪感だけではなく、決して和らげられることのない強い欲求の阻害に対処しなくてはならない。欲望に気づか**ない**でいることが私にとって有利であることは明らかなようである。

攻撃的な衝動についても同様のことが当てはまる。親密な人に対して抱いている怒りの感情に気づくことは多くの人にとって困難である。だれに対する怒りの感情であってもそれを受け入れるのは困難であるという人もいる。性愛的な感情と同じように、気づかないでいるほうがましなようである。

例の選択肢を用いることができる。つまり抑圧という選択肢である。ここで再び長年にわたる友人、つまり意識という客間を守っている番人に出会う。番人は、意識へ上る許可を求めるこの欲望を精査し、それを排除する、つまり玄関ホールに置きとどめる。その欲望がなんとか客間に入ろうとしていると、番人は再び外へと連れ出すのである。防衛機制の理論の言い方では、自我はイドから次の一対の要求を認識している。

- 欲望は意識されるべきである、そして
- それは行為を通じて充足されるべきである。

自我は、どちらの要請が叶えられても超自我が罪悪感で攻撃してくるだろうことをよくわかっている。自我はまた、欲望が露わにされると外界から否定的な反応がありそうだということもわかっている。そこで自我は欲望を抑圧する、つまり、欲望に気づかないままにして欲望を無意識の中に拘留し、そうすることで不安から、つまり危険に際して無力であることの予期から身を守るのである。少なくとも攻撃性の場合には、これがあまりにも高くつく勝利であることを第8章で見ていく。超自我は、攻撃的な感情を無意識にとどめおくことによっては宥められない。* 上記の例で、内的な事象（欲望）の知覚は妨げられている。それでも私はその人を欲望したり、傷つけたかったりするが、その欲望は今や無意識のもので、目に見えず、もはや私には知覚されない。

第2章でみたように、抑圧は必須のものである。近親姦願望はよい例である。そのタブーを犯してその結果を引き受けようとする人はほぼいないから、それらの衝動に気づくことは、苦痛に満ち、欲求不満を引き起こし、罪悪感を喚起する。性愛的な欲望や攻撃的な衝動についても同様のことが言える場合が多い。全く抑圧しなければ、意識を侵害するおびただしい数の空想や衝動に圧倒されてしまうだろう。

第2章で、度を越して抑圧をする人がほとんどであることもみた。自分の、優しい側面も情熱的な側面もある愛情や、おどけた部分や、我の強さや、悲嘆と悲哀に、十分に気づけなければ、人生は物足りず、いびつなものになってしまうだろう。適切な衝動に対して適量が用いられるときに抑圧は必須であるが、過剰に用いられると生きていくうえで深刻な問題の原因となる。

このことから学べる子育てについての重要な教訓がある。よい**行い**と悪い**行い**だけではなく、よい**感情**と悪い**感情**があると教えられた人は多い。ある種の**行動**は禁止されていると教えつつ、感じることは何であれ感じてよいという権利を十全に支持することで、子どもが感情と行動の区別をするよう育てる親はまれである。しかし、この区別を促すことは、子どもが長じてから過度に抑圧することを防ぐのに大いに役立つだろう。

フロイトもアンナ・フロイトも抑圧は基本的な防衛機制であり、重篤な神経症的な障害をもっとも引き起こしやすい防衛機制であると考えていた。そのほかの防衛機制のうち二、三のものは過度に用いられると非常に破壊的であることを後に見ていくが、そのほとんどは正常な精神生活の一部である。このあと引き続き、**否認**、**投影**、**反動形成**、**攻撃者との同一化**、**置き換え**および**自己への向け換え**と呼ばれる機制について検討していく。

否　認

抑圧は、**内面**のできごとの知覚についての操作である。**否認**の機制は、**外界**のできごとについての精神的な操作である。

否認は、自分自身の考えや感情の外側の世界にある何ごとかを知覚し損ねることや誤って知覚することによって、自分自身を不安から守ることを意味する。子ども時代をひとたび過ぎてしまうと、否認は自我に問題をつき

＊フロイトは、その時代においてもっとも洗練された神経学者の一人であった。治療者としての仕事に就く前には、自分自身を神経学の科学者と認識していた。ひとの頭の内部に三人の小人がいて議論したり、脅迫したり、交渉したりしているわけではないと十分にわかっていた。イド、自我そして超自我はそれぞれ一群の機能、つまりパーソナリティの諸側面を示しているのである。彼は、私がこの段落でしたように、それらが別個の存在であるかのように説明するのが役に立つと考えるときがあった。

つける。自我の仕事のひとつは現実検討である。人は自我の現実検討能力によって生き延び、その能力を通じてこそ可能な限りの満足を得ることができるのである。スピードを上げて運転することを楽しむけれども、本気で速度を上げることは逮捕や死につながりかねないのが現実であるということを思い出させるのが自我である。自我が、たとえば速度を上げることに危険はないなど、現実を歪めるような防衛機制を使うことは、自我に問題を生じさせる。それにもかかわらず、最も成熟して柔軟な自我でさえも、ときにまさにそのようなことをする。

現在の世界において古典的な否認の例は、既知の健康上のリスクを、最も目に付くのは喫煙だが、人口の大部分は長きにわたって知りたがらないままであることである。ひどい不安を感じずに喫煙するためには、危険についての認識をかき消さなければならない。

米ソ間の核兵器を巡る対立がもっとも激しい時期に、この惑星の住民は全員、想像のつかない破局の危険に絶え間なくさらされていた。だれにとってもある程度の否認は、身動きできなくなるような不安を感じないようにして生活をするのに必要であったのではないかと、私は推測している。ほとんどの人が相当量の否認を使っていたようだ。反核の活動家でさえも、役目を果たし続けるためにはある程度の否認を必要としていた。

重度の博打好きは、相当のコストをかけていることに対して否認を用いている。当選金が高額な宝くじで当選する確率は、二の足を踏むほどわずかである。宝くじを当てるとうそぶいている友人がいるが、だれかに君が宝くじを買っているなんて知らなかったと言われると「買ってないよ。けど買っている人と同じくらい自分にも当たるチャンスがあるんだ。」と答えている。それはほぼ事実と言えるが、けれども宝くじ売り場には客の姿がなくなることがない。スロットにのめり込んでいる人は、圧倒的な不利を否認しなければ遊び続けることができないだろう。カジノでは比較的有利に戦えるサイコロ賭博ですら、長い間賭け続けた末に勝ち越すチャンスがどんなに小さいかを否認しなければならない。

ほとんどの人が、否認の防衛を時には使用している。かつて仕事で、私はある職に就きたいと熱望していて、数週間にわたって自分が優勢であると考えていた。ある友人が、現実が明らかになったら私が押しつぶされるのではないかと心配して、私を脇へ連れて行き、私以外のだれもが私にチャンスはないとみているのだと優しく言った。そのことを理解できるよう、私のスーパーヴァイザーは次から次へと手がかりを出し続けていたのである。その手がかりを理解できないようにしていたのは私自身だった。

人間関係においても否認を採用することがある。たとえば、愛情がむくわれないことを理解しようとしないときである。または反対に、関係が心地よすぎるとき、意図していたよりも深い関係にはまりつつあると理解することを拒むのである。

否認は、喫煙の例のように、非常に危険である。しかし、適応的な場合もある。私の友人が生検を受けなければならなくなり、彼女が聞いた説明では、結果として何でもないこともあるし、大病の診断がつくこともあるとのことだった。生検は、彼女がこの知らせを受けてから七日以内に行われることになっていた。彼女はその週はとても明るく仕事に精を出していた。共通の友人である賢明な心理学者に、私は彼女の否認を心配している、つまり、もし大病だと診断されるとしたら、彼女にはその心構えができてないのではないかと恐れていると言った。友人は、彼女を放っておくように、そして、彼女がどうにもできない危険を否認するだけの自我の強さを持っていることを喜ぶように、と私に言った。その助言を忘れたことはない。ちなみに、その物語の結末は幸福なものだった。

投　影

内界**および**外界両方の知覚を操作する防衛機制が**投影**である。投影は、感情を抑圧して、他者がその感情を有していると誤って知覚することで自分を不安から守ることを意味している。私が自分の怒りを抑圧して、あなたが私に対して怒っているととらえるのである。私が自分の欲情を抑圧して、あなたが私に対して欲情しているととらえるのである。

ところで、この投影の形は、しばしば同性愛恐怖を伴っている。私が自分の同性愛的な切望を抑圧して、ゲイにちがいないとみなしている他の男性が私を誘惑しようとしていると信じ込むのである。政治的な反同性愛者の告発の多くは、その起源が投影にあるようである。たとえば、同性愛の男性は、同性愛的生活様式を広めたり、少年を誘惑することさえあるから、教鞭を取ったり、ボーイスカウトの団長になることを認めるべきではないと、よく言われている。このことに対する証拠はないので、投影の理論が暗示しているのは、誘惑されたり誘惑したりするのではないかと恐れているのは告発者その人であるかもしれないということである。読者は、あまりにも多くの異性愛の軍人が、同性愛を公言する者が入隊することに激しく反対する理由を理解するのに何の困難もないだろう。フロイトは同性愛恐怖の投影はパラノイアの多くの事例を説明しうると考えた。

私のクライアントのひとりであるジェイは、長きにわたって博士論文を仕上げようとしている博士課程の学生である。月を追うごとに、彼は博士論文審査委員会の教授に対して次第に激怒するようになり、教授たちが彼の前途を塞ぐ新たな障害物を次々に置き続けようとしていると主張した。ついには、自分に学位を取ってほしくないのだし、自分を挫折させようと共謀しているのだと結論付けた。この期間を通じて、私は次第に彼は博士論文に取り組んでいないし無意識的には完成させないでおこうと決心しているのだと確信を強めた。父親はブルーカラー労働者で、息子が教育を受け続けられるよう文字通り犠牲を払いジェイが大学院に入学するのと時を同じくして亡くなっていた。ジェイは父親に対する愛情や教育を受けられるように応援してくれたことへの感謝や、博士論文を仕上げたのを見せる前に父親が亡くなって悲しいことをよく口にしていた。次第に、父親よりも優秀になることについても非常に罪悪感を持っていることが明らかになった。

父親が亡くなったことによってジェイが母親を独占できる状態になったために、罪悪感には多様な要因があった。情緒の複合体全体がジェイにとっては恐るべきものであったので、解決策として無価値であるという感覚と、失敗すればいいという願望を教授たちに投影したのである。

かなり長い時間、人はみな穏やかな形の投影を使っているし、そのことに注意を向けなければならないほど関係に悪い影響が及ぼされなければ決してそのことに気づかずにいる。パートナーに不貞の空想を投影して不貞の角で相手を咎めるのは普通ではない。

大学生のとき、私の友人はそのルームメイトとても親密だったのだが、自分が街に出かけている間に、婚約者がそのルームメイトと情事を企てているという不動の確信を持つようになった。激しい対立の中で、冷静で洗練された彼の婚約者は「わかったわ。テッドと寝たいと思っている人がいるのね。で、それは私じゃなくて、あなたでしょ」と言った。私の友人はすっかり動揺した。のちに彼が私に言うには、その時まで自分は完全に異性愛だと堅く信じてきたのだということだった。心理学の講義でだれもが無意識的には両性愛であると聴いて、「自分以外はね」と彼は考えたのだった。

この状況は穏やかな（そして得るところの大きい）問題へと変わった。投影が極度まで達すると非常に深刻な問題になりうるし、本格的なパラノイアまで悪くなっていくのである。

反動形成

反動形成は、内界の知覚を操作することで自分を不安から守る防衛機制である。これはある感情をそれとは反対のものとして誤認することを意味する。よくあるのは、愛情を攻撃性にまたは攻撃性を愛情に替えることである。

ベートーヴェンの一生で最も心惹かれ胸の痛むエピソードのひとつは、彼の甥カールとカールの母親である義妹のヨハンナを巻き込んだものである。ベートーヴェンは、ヨハンナに対して理由のない憎しみと、彼女からカールを救い出さなければならないという堅い確信を抱いていた。心理学的に最も洗練されたベートーヴェンの伝記作家であるメイナード・ソロモン(原注2)は、ベートーヴェンが強迫的にヨハンナに憎しみを感じていたのは、無意識的には彼女に情欲的に魅かれていたことを示しているという説得力のある主張を展開している。

反動形成のきわめて重要な一形式は、**願望**を**恐れ**と誤認することである。これは、願望に伴う罪悪感から自分を守るよくある方法である。

私のクライエントのマリアンは、十歳の息子の身体面の安全を気にかけていた。息子を厳しく束縛しており、彼の友だちの母親よりもずっと自由を制限していた。彼女は息子に何か恐ろしいことが起こるのではないかという不安がずっと続いていることを表した。ひとりっ子の彼が生まれる前は、彼女は明るくのんきな人間だったという。息子が生まれてから産後うつが長引いた。これが、苦痛に満ちて重篤な一連の抑うつの最初のものであったようだ。マリアンは、この子をどれほど愛しているか、そして彼の安全をどれだけ心配しているかをよく口にした。何カ月もかかって彼女はおそらく怒りも同じように感じている可能性を探求することに耐えられるようになった。私が次のように言うのを彼女が許せるようになったのは、さらにそれから何カ月も経ってからだった。「息子さんがわざとあなたを傷つけようとしたわけではないと私たち二人ともわかっている。にもかかわらず、あなたをそこまで傷つけたことで彼が罰を受けたらいいと時にはあなたが願うことがあるのは、仕方ないことだと私には思えるのだ」と。

第3章で、子どものときに認めてもらえなかった自由を認められることへの願望を、肛門期に固着して汚物や乱雑さを恐れることによって覆い隠している人たちを見ることで、恐れの下にある願望の古典的な例を見てきた。適量であれば、これは比較的害がないものである。しかし、十分な量をはるかに超えて行われると、この形式の反動形成は重篤な神経症へと発展しうる。

精神力動的なセラピストが学んでいるのは、クライエントの恐れに直面して、それを不可解に感じるとき、少なくとも心の内で、その恐れがどんな願望を隠しているのだろうと思い巡らすべきであるということである。その対極にある反動形成の様式は、**対抗恐怖**であり、これは恐れを欲望と誤認することで、それと直面することから自分を守るのである。

私は刃物店に目がない。ニューヨークには大きなショウウィンドウのある刃物店が連なり、そこには磨かれたナイフやかみそりやハサミの尽きることのないコレクションが展示されている。そのショウウィンドウの前でいくらでも時間を費やすことができるのだ。スイスアーミーナイフはこれ以上必要ないというのに。このことを深読みしている読者は、重篤な去勢不安への対抗恐怖的な反応の事例であるとわかるだろう。

攻撃者への同一化

アンナ・フロイトの著作で最も重要な部分のひとつに、攻撃者との同一化についての章がある。(原注3) ジグムント・

フロイトは、この現象を数か所で記述しているが、個別に名付けてはいなかった。

自分よりも強力で、自分に攻撃的なものを向けていたり攻撃的なものを持っていそうな人物と対決するのは非常に不安を喚起することである。その強力な人物に対して攻撃的なものを向けることも、仕返しが怖いので、やはり不安が喚起されるかもしれない。攻撃者との同一化は、強力な人物との葛藤に由来する不安やそのような強力な人物の言いなりになることに由来する不安から身を守るように仕組まれた防衛である。

第4章で、攻撃者との同一化がエディプス・コンプレックスの解消や青年期のアイデンティティ形成や超自我の形成において重要な役割を果たしていることを見てきた。

精神分析家のナンシー・マクウィリアムズは、(原注4)アンナ・フロイトのこの現象についての論考は、もし彼女がこれを「攻撃者の取り入れ」と名付けたなら、それが明らかに彼女の言いたいことであるので、より明確になっただろうと指摘している。同一化は通常、取り入れに比べて自動的でも無意識的でもないという含みがある。子どもは、両親や指導者や仲間にかなりわかりやすい仕方で**同一化**する。つまり、着るものや態度や癖などである。彼らはまた、エディプス・コンプレックスの解消の時期にあると、そういった人たちの特徴を**取り入れる**。取り入れは、他者の任意の属性、および属性の集合が自分のなかに備わっていると無意識的に仮定していることを意味する。しかし、ここではアンナ・フロイトの用い方に従っていく。なぜなら、用語として明らかに揺るぎない地位にあるからである。

攻撃者との同一化によってその危険な人物のいくつかの特徴を取り入れることで、知覚可能な**自分の**力を増強することができる。その人の個人的な特質をひとつかそれ以上取り入れるかもしれないし、その人の攻撃的なところを取り入れるかもしれないし、その両方を取り入れるかもしれない。古典的なエディプスの解消において、人は同性の親のようになり、その場合自分を異性愛者であると規定して自分自身の伴侶を見つけようとする。ほかにも多くのやり方で同じように人はその親のようになるだろう。人はこの取り入れを通じて自分のアイデンテイティの重要な部分を作る。

私は、この防衛において**投影**もまた使用する。自分自身を超自我不安から守るために、つまり自分自身を罪悪感から守るために攻撃的なものを他者に投影する。このようにして、父親に対する攻撃的な感情に気づかず、父親を**恐れている**ということにだけ気づく。私は父親の力を取り入れるので、恐怖は制御されうる。万能的なヒーローごっこをする子どもたちは、この防衛の、日常生活によくみられ、適応性のあるやり方を採用しているのだ。彼らは、もちろん、恐ろしく強力な人物に同一化しており、それは親であることが多い。

精神分析家であるブルーノ・ベッテルハイムは、自身がホロコーストを生き延びた人であるのだが、ナチスの強制収容所についての著作(原注5)で、この防衛について胸の痛むような例を挙げている。ユダヤ人の収容者はナチスの看守に同一化した。彼らは看守の歩き方や癖を真似し、看守の制服の破棄された切れ端を私物化して珍重した。

置き換えおよび自分自身への向け換え

アンナ・フロイトはある女性患者について述べているが、その患者の不安に対処しようとする試みは、ここでまだ検討していない二つの防衛機制を描き出している。

この患者は子どものとき、母親が弟をひいきして可愛がっていると思い込み、激しい羨望と嫉妬に囚われた。このことはついには母親への猛烈な敵意に変わり、彼女は怒りをあらわにし反抗的になった。しかし、彼女の母親に対する愛情は同じくらい強かったので、彼女は深刻な葛藤に陥った。彼女は、怒りのために、自分が切望してやまない母親からの愛情を失うのではないかと恐れた。潜伏期に入ると、彼女の不安と葛藤はより一層激しくなった。彼女がこの不安を制御するために最初に行ったのは、**置き換え**の機制を使うことだった。アンビバレンスの問題を解消するために、強い憎しみを次々と女性たちへと置き換えた。人生においてつねに、彼女が激烈な憎しみを向けるもう一人の重要な女性がいた。この方法は、母親を憎むことよりは罪悪感をかきたてないが、罪悪感から逃れられるわけではない。したがって、置き換えは適切な解決策ではない。

彼女の自我は今や二つ目の機制（ジグムント・フロイトが自分自身への向け換えと呼んだもの）を用いていた。これは、これまでもっぱら自分以外の人に向けていた憎しみを心の内側に向けることである。彼女は、自己非難し、劣等感を抱くことで自分を痛めつけた。青年期を通じて成人期に至るまで、自分を不利な状態に至らしめて自分の利益を損なうよう、できることはすべてやったし、他の人の彼女に対する要求を前にして自分自身の願望をいつでも放棄した。(原注6)

その他の防衛機制のように、置き換えと自分自身への向け換えは日常生活でお馴染みのものであるし、穏やかで短期間で終わる限りは比較的害がないものである。置き換えは、よく用いられる防衛であるため、ありふれた異名を持つこととなった。それは「犬を蹴とばす」である。上司にいやな目にあわされたあとに、彼に対する怒りを**表わす**ことができないのは明らかである。より微妙なのは、怒りを十全に**感じる**ことを自分自身に許さないかもしれないということである。なぜなら、そうすると職業生活が不愉快なものになるし、そんなことをしたら親に対して怒りを感じることについての無意識的な罪悪感を呼び起こすことになるからである。そのようなときには、身近な者たちは私のことを敬遠する。彼らはより安全な標的だからである。

私のクライエントのヴィクトリアは、子どものときに怒りを表現すると悲惨な結末になると学習していた。つまり、それはしばしば無視されることである。彼女は、すっかり成長したが、怒りを**体験すること**すらできなかったし、言うまでもなく怒りを表すことはできなかった。対人関係において困難が生じたときの彼女の反応は、ひどく落ち込みを感じることだった。その落ち込みは自分自身に向け換えられた怒りであり、怒りを向けられる唯一の安全な場所が自分自身であることを彼女が理解するまでに長い時間がかかった。

この章の冒頭で、**防衛機制**の定義を提案した。つまり、防衛機制は、人を不安から守ることを意図した知覚の操作である、ということである。その知覚は、自らの感情や衝動といった内的な事象にまつわるものかもしれないし、他者の感情や世の中の現実という外的な事象にまつわるものかもしれない。この防衛機制についての定義は古典的な定義と異なることを述べた。この相違は興味深い論争を引き起こす。

アンナ・フロイトは、「置き換えや…自分自身への向け替えのような防衛の過程は、本能の過程そのものに影響を与える。翻って、抑圧や投影は、それが知覚されるのを妨げるだけである（原注7）」と述べた。彼女は、著作から引用し上述した例で挙げた子どもが本当に母親を憎むことを止め、まずほかの女性を、そしてその子自身を憎み始めたと述べた。この変化は、単に知覚上のことだけではなかった。私が提案した定義は、母親への憎しみが無意識的には依然として存在していて単に抑圧されただけ、つまり知覚されないだけであることを含意している。

自分の性愛的でエディプス的な願望を他者へと置き換えていて、それによってもともとある願望が無意識的に存在し続けているという紛れもない証拠をあらわにするクライエントと心理療法を行うことはめずらしいことではない。

フロイトは一九二六年に不安に関する二番目の理論を案出したが、これが防衛の理論に衝撃を与えた。読者は、一九二六年の理論では、不安は信号つまり危険に直面したときの切迫した無力感を警告するものであるとされていたことを思い出すだろう。防衛はその無力感を感知することから人を守ることを意味している。フロイトの考えによると、成人の不安は、新生児や乳児や子どもが刺激による外傷的な激しさに圧倒されたときのような非常に早期の外傷的な状況を思い出させるものとして作用することによって、募るのである。このように、防衛機制の重要な機能は、外傷的な刺激を遮ることである。

防衛が戦わなければならない三種類の不安のひとつは、道徳的不安、つまり超自我の脅威である。このことは、精神力動的な心理学に対してひとつの重要な論点を提起する。つまり、罪悪感の問題であり、これが第8章の主題である。さあ、探索を始めよう。

第8章　罪悪感

文明社会の発展の代償は罪意識であった。

——ジグムント・フロイト『文化の中の居心地悪さ』

「文明」の発展に関するフロイトの主たる研究の驚くべき前提はこうである。私たちは文明が進んだことで幸福を犠牲にしており、私たちの不幸になっていくメカニズムとは、しばしば無意識的な衝動について罪悪感が増大していくことである。この章では、どのようにそしてなぜ私たちの幸福が失われたかということのフロイトの理解を探求し、そしてどのようにその理解が彼の超自我理論と関係するのかについて探求する。

私の患者のひとりは同僚の難しい仕事を手伝うことに巧みに同意させられた。実は本当のところそんな約束はしたくなかった。考え直した後で、勇気を奮い起こして約束を反古にした。約束をした同僚は、約束を破った彼女に対して怒気を含んで非難した。私の患者の最初の反応は激怒であった。彼女は、そもそもそんな約束などしたくなかったのに、同僚が図々しくも彼女を操ったと彼女は考えた。怒りは三〇分ほど続き、その後ひどい罪悪感の感情に置き換わった。彼女の思いはさておき、同僚を失望させる権利など自分にはないと思った。

こうした類のシナリオは、おそらくすべてではないにしても、多くの人にとっては、悲惨なほどに馴染なものである。これは、いわば**騒々しい**罪悪感であり、聞き違えようのないファンファーレを伴って名のりをあげる類のものである。私たちはこの種の罪悪感にさいなまれると、自分たちがしたこと、言ったこと、そして更に考えただけのことをしばしば大変申し訳なく感じ、これが人生の真に重荷であると受け止める。この種の罪悪感の特に深刻なケースに該当する人であるなら、他の人が怒ったり抗議したりしなくても罪悪感はひきおこされる。自分自身を主張するだけで罪悪感を引き起こすのに十分である。これはおなじみの領分で、騒々しい罪悪感に苦しむ人を助けることに専心する書籍やワークショップが長年にわたって存在する。

作為の罪と同様に、不作為の罪もまた思うだけでも罪悪感を引き起こしうる。私のクライエントで、他のことで頭が一杯だったり気を紛らせることがない限りは常に罪悪感に苛まれる人がいた。彼は、するべきだったのにやっていないことやしなければならないことがあるといつも思っていた。するべき仕事を特定できることもあるが、多くの場合は特定できないのだった。

こうして「静かな」罪悪感というものが立ち現れる。静かな罪悪感は、騒々しい罪悪感のように罪悪感として名のりをあげない。静かな罪悪感にさいなまれる人びとが自らを処罰するやり方は、訓練を受けていない観察者には謎めいて見えるにせよ、精神力動的なセラピストから見れば、彼らが自らに罰や失敗をもたらすことで無意識的に少しでも静かな罪悪感を軽減しようと努めていることを推測させるものである。

何年か前、主要な大統領候補が破廉恥な不貞行為の咎で公の場で非難された。彼は嫌疑を否定し、憤然として、「もし私を信じないなら、どこにでも私を尾行したまえ」と言い放った。

その晩、彼は愛人と一晩中デートをしていた。レポーターらは、彼のはったりを見破り、次の朝、彼が大統領になる望みは永久に潰えた。

学生は、準備万端だった大事な試験の日にちを「忘れる」。

ある従業員は、彼女が望んだ昇進を上司が考えていることを知った後すぐに、その上司を侮辱する。

ある男性は情熱的に恋い焦がれた女性をついに説得してベッドインしたが、その時、インポテンツに陥ってがっかりした。

意識的である「騒々しい」罪悪感、罪悪感のようには**感じられず**、ただ無意識的に当然の報いと思う処罰を用意する「静かな」罪悪感に加えて、「無言の」罪悪感がある。無言の罪を抱える人は、罪悪感を感じず、不可解な処罰を受けることもない。彼らはただかなりの期間にわたって、後ろめたさを感じたり、なにか漠然とした不幸や不満を感じる。結局のところ、罪悪感の形としてはこれが最もありきたりで、深刻であり、絶え間がないがゆえに最も破壊的である。

フロイトの見解では、邪魔されなければ、人間はわがままに、自分の利益、満足そして快を追い求める。だれであれ、なんであれ彼らの邪魔をしたら怒り、もし自分が十分に強い存在であると思ったら、躊躇なく邪魔ものを取り除くのである。多くの人がお互いに近接して暮らし、*この傾向が放置されれば、カオスに至る。フロイト

＊フロイトにおいては、核家族よりも大きな集団で、近接して住み何らかの意味で相互に依存して生活している集団であればすべて「文明」を構成しているとする。これは、ほぼ人類の起源からすべての文化を含むように見えるかもしれない。とても**多くの**人が近接して、相互に依存して生活していることは「発展した文明」を構成しているということになる。

がトーマス・ホッブスの『リヴァイアサン』(一六五一)を知っていたという証拠はないが、ここに描かれた視点は、その著作の中で提案されていることと一致している。ホッブスと同様にフロイトは、文明、とりわけ発展した文明が存在するには、このやりたい放題かつ自己中心的な攻撃性を抑えるメカニズムが必要だと考えた。外的な権威は部分的な解決ではあるものの、権威は至る所に出張るわけにはいかない。何らかの**内的な**メカニズムが必要であり、いつでもどこでも任務を果たせる内的な権威の表象が必要である。フロイトの見解では、この必要性ゆえに人類において、内的な権威が進化し、さらに強まっている。

現代の生物学者からみれば、これは進化の理解としては疑わしいだろうが、そのことで私たちが心配する必要はない。初期の人類の真実がどうあれ、現代の人間が、この内的な権威を確かに持つということを明記すれば足り、フロイトはその性質について力強く描いている。すでに第2章でみてきたように、これはフロイトが**超自我**と名づけたもので人格の一部である。フロイトの見解では、次のような方法でそれは発展する。

幼い子どもは野放しのままだと、自分たちの快楽や満足を自由に追い求めるだろう。他人の満足の邪魔をさせないためには物理的に制御する必要が当初はある。しかしながら、すぐに親の権威の存在だけで子どもを制止するのに十分となる。フロイトにとってはこれが超自我の発展において重要な段階である。**どうして**単に、権威の存在があれば彼らが自らの利益を追求するのをやめるのに十分なのか? 子どもたちは、急速に、小言程度の軽微な処罰すら予測するようになる。もし私が、絨毯にカスタードクリームをこぼしたら、母親は語気を荒げ、それで私は嫌な気持ちになる。しかしなぜ嫌な気持ちになるのか? 私はカスタードをこぼす楽しみを感じたはずだし、母親のそれに続く言葉によって実際に私が傷つくわけでもない。なぜ嫌な気持ちになるのかというと、母親が私を**愛してくれる**ことが**とても**重要であることを急速に学習しつつあるからなのだ。私は、完全に彼女に依存している。つまり私は彼女がいなかったら生きていけない。もし彼女が私を捨てたら、私の欲求は一つとしてかなわない。それは、物理的な欲求そして情緒的な欲求の両方を含むのである。私は彼女が私を愛してくれることを**必要**としている。母親の愛情を失うという危険はいったん学習されると、それは人生を通しずっとこだまするのである。

私のクライエントのひとりは、面接を始めた当初は、彼女の母親との関係は満足いくものであり特に重大な問題は何もないと私に断言していた。しかし私は、すぐに彼女が繰り返し次のような経験をしていることを知った。どういうわけか、彼女は親しい女友達と会う約束を違えざるを得なくなってしまい、その後で、深刻な不安発作に襲われる。私が尋ねると、彼女は会う約束を破ることで友人を怒らせたのではないかと不安なのだという。彼女はこのパターンを何回も繰り返してきた。次に会うと、その友人は、いつもまったく気にしていないと請け合ってくれる。そう請け合ってもらっても、次に不安になることは防げない。何カ月後かに、彼女は、母親の突き放した表情をみて、母親を怒らせるような何かをしでかしたと確信した記憶を思い出し始めた。母親の愛を失うという無意識的な恐れが女友だちとの際立った不安定さに転化していたのである。

フロイトが考えた、最も重要で不可欠な段階が次にくる。警察や両親の数には限りがあってどこにでも目を光らせるわけにはないかない。私たちが自己中心的に弱者に付け入り快楽を追求しないのはなぜか。もちろん、そのようにする人も大勢おり、だからこそ犯罪の問題や弱肉強食の問題がある。しかし、仮に全員がそうしていたなら、文明は混沌状態に陥り、終わってしまっていただろう。つまりほとんどの人はそうしないのだ。ほとんどの人は権威者が物理的に存在しないとしてもそうしない。これはなぜだろうか？

二つの理由がある。ひとつの理由は、今までの話から明らかである。つまり、私たちの仕業を見つけられ処罰されるかもしれないことを恐れている。罰は、愛情を失うという危険な損失であるかもしれないし、実際の物理的な処罰かもしれない。私のクライエントは、友人が怒ることを恐れている。私は、スピード違反で切符を切られることを恐れている。

しかし、金輪際見つからないとしたらどうだろうか。もし、取り締まる権威者が**本当に**いないとしたらどうなるだろうか。その場合どうして私は自分の自然な満足追及衝動を否定するだろうか。フロイトの教えによれば、もしも私たちを隣人の自己中心性や攻撃性から守るものが外的権威への恐れのみだったなら、お互いに今程度にすらうまくやっていけない。より遍在する恐ろしい権威が何か必要なのである。

良心、フロイトの言葉では、超自我という名を持ち出すことによってこの章を始めた。私たちの議論の最終段階は、権威者を私たちの頭の中に住まわせることで権威者がいつも私たちとともにあり、その権威者により判断される危険がいつもあるようになるということである。良心は、権威が内面に取り入れられたものである。もし、われわれの満足を否定する第一の理由が外側からの罰についての恐れであるならば、第二の理由の可能性としては、仮に権威者がいなくても、権威者が本当にいないことには全くならないということである。権威者は、現にある、つまり頭の中にいるのである。このように、まだ罰せられる危険が存在する。つまり超自我による責め苦である。私たちの精神内界におけるそのような責め苦をわれわれは「罪悪感」と呼ぶ。もし私たちが、禁じられた快に抗うのは、そのような責め苦の恐怖のゆえであり、逆に禁じられた快に屈服するなら、超自我が課す苦しみもってつけを支払わねばならない。フロイトは、禁じられた行為に対する超自我の罰を表わすのに「自責の念」という用語を使った。

私たちの頭の中に間借りする権威は何かということを想像するのは難しいことではない。本来的かつ最も強力に存在するのは、もちろん両親である。フロイトの最も価値ある洞察のひとつは、**同一化**の現象についてのものであった。そのことは、性格を形作るのに、どれほどほかの人の側面を取りこんでいるのかについて多くのことを私たちに教えてくれる。両親が最初のそしてもっとも強力な同一化の対象である。エディプス・コンプレックスを解消する重要なメカニズムは、恐れていたライバルつまり同じ性の親と同一化するということであることを第4章でみてきた。同一化される側面の重要なものは、法の制定者かつ施行者としての親の機能である。両親そろって、多くのことについて「汝すべからず」と言い、そして、エディプス・コンプレックスの場合には、私のライバルが「私のパートナーを欲しがるなかれ」と言う。この同一化を通して、私は近親姦に対する禁止を含むこれらの禁止を私自身に取り込む。私がそれを取り込むと、それは私の超自我の主要な側面になる。

外的な権威という審判と超自我という審判との間には重要な違いがあり、文明化生活により多くの楽しみや充実感を実現しようとするときに、私たちはこの違いに取り組まなければならない。違いはこの点である。外的な権威は私たちの行為しか知りえず、よって私たちの行為しか罰しえない。他方、超自我は頭の中にあり、私たちの行為だけでなく、私たちの願望、空想そして意図をも知っている。この空想は想像**でしかなく**、それを実行しようという考えはないと言質を与えても超自我をなだめすかすことはできない。超自我は、願望は行為と等しいという一次過程のルールに従うので、行為と同様に意図についてもわれわれを罰する。その罰は、場合によっては、意図を実行に移した場合と同じぐらい厳しいかもしれない。

単なる思考であっても罪悪感をもたらしうるという考えをこれから探求していくが、どのようにそれが起こりうるのかは直ちには明らかでない。しかし、思考が罪悪感をもたらしうるというフロイトの考えの正しさを示せれば、私たちの幸せと心の平穏が危うい状況にあるということが明らかとなる。融通の利かない規範に少しでも違反しようものなら罰するような厳しい警察に囲まれて生活すると想像しよう。面白くはないが、人はせいぜい注意深く振る舞うことでトラブルを避けるだろう。次に、この厳しい規範があなたが口に出した思考にも適用されると想像しよう。これは癇に障ることではあるが、注意深く振る舞えば、望まぬ注目を避けることは依然可能である。しかし、警察が、**思考**を読むことができる心のレントゲンを発明し、禁止された思考は厳しく処罰されると想像しよう。あなたはもはや外国への移住を計画し始めるかもしれない。

禁じられた行為を実行しなくても、単に考えたり意図したりするだけで人は罪悪感を持つものであろうか。自分の思考について、ある人は時々、ある人はしばしば、意識的に重い罪悪感を持つ。もっとも明確な例は、信仰の深い人たちであり、彼らはある種の考えは罪深いと思い、実際、彼らの考えの多くが罪深いと思っている。信仰の深い人たちがこれらの罪深い思考を克服する試みとして、もっとも厳しい苦行や禁欲に自らをさらすという例に事欠かない。次の聖フランチェスコの話を含む、肉体から罪深い思考を叩き出してなくそうという多くの聖人の話がある。

時折、彼を襲う肉体の誘惑がおこると、彼は冬に氷でいっぱいの溝の中に飛び込み、いかなる性欲もそのすべての痕跡が離れていくまでその中に留まる。そして、確かに（彼の追随者は）そのような偉大な苦行の例に熱心に従うのである。(原注1)

聖人になりたいとは思わないとしても多くの人が、意識的に罪悪感を持つような思考や願望を抱いてしまうことは時折ある。愛する病弱な身内を重荷に思っていた人が、身内が亡くなって解放されたらいいのにという願望に突然気づくことは珍しいことではない。父親が、娘が女性になっていることに突然気づき、娘に対する強い欲望を認識するということは珍しいことではない。これらの発見のいずれも、意識的な罪悪感の攻撃を引き起こす。とはいえ、ほとんどの人は、通常は、単なる思考や願望に対する意識的な罪悪感を経験していない。たとえ私が待ち焦がれたチョコレートケーキや燃え盛る禁断の愛を見送ったとしても、たとえ私が敵対者に本当に口ぎたない台詞を吐きたい衝動を我慢したとしても、私は幾分の心のこりこそあれ、そうした願望について意識的に罪悪感を持つということはないだろう。

私はこれらの願望について意識的な罪意識を感じないかもしれないが、禁じられた願いは超自我には見過ごされてはいない。超自我の機能は基本的には無意識的なものであり、超自我の巨大な力はこれによるのである。仮に超自我が全く意識的であったならば、私の見識のある大人の基準に従って、その禁止命令を受け入れるなり、拒否するなりできたはずである。子どもの時に禁止された行為に対して超自我に警告されたら、大人の自我はその禁止命令はもはや有効でも妥当でもないと認識し、たやすく拒否するだろう。しかし、無意識はそのようには働かないことをわれわれは知っている。一次過程の領域では、過去も未来もない。昔の禁止命令は、今日でもすたれておらず、子どもの時と同じぐらい厳格に履行される。ここは一次過程の領域なので、願望は行為と同等に罪深く、処罰されるべきなのだ。精神分析的な理論は、内的葛藤についての理論で、心のなかの対立についての理論である。このことをあざやかに示す例として、自我に対する超自我の懲罰的な攻撃性以上のものはほとんどない。

この章は、よく知られている騒々しい罪悪感と静かな罪悪感に加えて、無言の罪悪感があるということに言及して始まった。それが何であり、どのようにそれが起こるのかについて今からみていく。超自我が禁じられた願いを処罰する時、すべては、ベールをかぶった無意識の領域で起こり、無意識的な罪悪感という形を取る。無意識なのでそれが罪悪感であるとは認識されず、何で処罰されているのかもわからない。わかるのはただ嫌な気持ちだということだけである。つまり、漠然とした不幸と居心地悪さを感じるのである。

ここにはひどい皮肉がある。つまり、高潔であればあるほど、この無言の罪悪感を経験しやすい。フロイトは、聖人の自伝は罪深さの悲嘆に溢れていると指摘した。フロイトは、この皮肉を、衝動が満足されるごとにその快への満たされない渇望が減るのと同様、快が否認されるたびに満たされない渇望が増えるのだと説明した。渇望が増せば増すほど、超自我がより懲罰的になる。攻撃衝動が抑圧されると、とりわけこの無言の罪悪感を引きおこしやすいとフロイトは考えた。このことの明らかな含意はフロイトの後期の論文の中、とりわけ『文化の中の居心地悪さ』でみられる。すなわち「文明化」した個人であれば性的な満足と文明化生活との両立を想像しうるかもしれないが、共同体を破壊せずに攻撃衝動を満足する術は想像し難い。したがってそうした衝動は、最も厳しく抑圧され、フロイトの推論によれば、最も厳しい無言の罪悪感を生む。

子どもだった頃は、衝動を否認することで権威者を鎮め、罪悪感を持たずに済んだ。私は、妹をぶつということを我慢したので、母に認められ、罪悪感を持たなくて済んだ。しかしながら、頭の中に権威者が常駐して私の願いがお見通しになると、話は逆転する。否定された衝動は今や罪悪感を**増加させてしまう**。

フロイトは、この状況をこのように描いている。

欲動の断念にはもはや全面的な解放的効果が伴わない。有徳の禁欲的な振る舞いに対しても、もはや愛の確保という見返りはない。外的な権威の愛を喪失したり懲罰を受けたりするという、外からやってくる不幸の代わりに、人は、罪の意識の緊張という絶えざる内的な不幸を背負い込んだのである。(原注2)

人間は集団で生きること、お互いに寄りそって生きることを強く必要としている。しかし、この必要性はわれわれの生来の攻撃性や身勝手に自己を満足させたいという願望と相反する。フロイトには、良心を発展させることがその解決だと思われた。もし良心が外向きの攻撃性を抑えることだけに自己限定してくれていたなら、そして、それをもっと上手にやってくれていたら、満足のいく解決になっていたやもしれない。しかし、良心の所業はそれを遥かに越えて私たちの思考、私たち自身のコントロールが及ばない**思考**をも攻撃対象とする。以上のことが誰にでもあてはまるとはフロイトも思わなかった。彼は、罪の攻撃の頻度や深刻さにはかなりの多様性があると思っており、誰しもに無意識の罪悪感の表現である不幸や不満が頻発するわけではないとも言った。しかし、フロイトは私たちのほとんどがそれを経験すると考えた。お互いに寄りそい頼りあって生きるために私たちが支払った代償は罪悪感による幸福の喪失であるとフロイトに言わしめたものは、私たちのコントロールが及ばない思考についても超自我が私たちを攻撃してくることだった。

私は、無意識的な罪の破壊的な力について二人の患者を通して説明したい。二人のうちの一人は罪悪感に気づいてはいたが、もう一人はそうではなく、双方とも破壊的な罪悪感は深く埋め込められていた。

ジェリーは、この章で前に取り上げた患者で、やらなくてはいけないことをやっていないということについて慢性的な罪悪感をいつも持っていた。彼を悩ませていた仕事を達成すると、また次の仕事が次々出てきた。あたかも魔法の「やること」リストがあって、彼が項目を一つ減らすたびに項目が新たに二つ追加されるように彼は思っていた。ハイスピードな世の中では、ほとんどの人は、やることリストは増殖する一方だと感じている。これを屈折した娯楽として受容する人もあれば、単に忌々しく思う人もあるが、ジェリーのようにそれに対して真の罪悪感を経験する人も多いようだ。

ジェリーにはしばしば思い出す子ども時代の記憶があった。彼は父親に対して大変なあこがれと相当の恐れがあった。彼は父親に自分のことをよく思ってもらいたいと考えていたが、果たして父親にそう思われているのかを疑っていた。彼が十二歳の時に、ある夕暮れに父にいった。「宿題が終ったので、遊びにいってよいですか」と。父親の返答は彼の頭に永久に残るようなものであった。「成績はオールAじゃないな。」含意は間違いようもないぐらい明確だった。つまり、もっとやることがあるだろうと。この単一の出来事が大人として絶え間ない罪悪感の唯一の要因であることはありそうもないことだが、これは数えきれない経験を通じて内面化したある態度を象徴している。もし彼が父親の称賛をほしいなら、そのために休みなく働かなければならない。そうしたとしても必要とされる仕事には終わりがないので、称賛を得るというのぞみがない。彼が私と面接を始めた時に、父親はすでに亡くなっていた。決して仕事は終わらないことを彼に告げたり、（しばしば特定できない）未完遂の仕事のゆえに彼を罰しているのは、いまや超自我である。また、父親との同一化の裏には、達成できないゴールを背負い込ませた父親への無意識的な怒りが隠されていた。超自我は、仕事が出来ていないことをとがめるだけでなく、この無意識的な怒りに対しても処罰を加えたのである。

キンバリーは二〇代の初めに私のところにやってきた。彼女はあらゆる美点を備えているように思えた。つまり、彼女は頭がよく、魅力的で、美しかった。彼女の主訴は、高校以来デートをしたことがなく、当時もそんなにしたことがなかったということである。彼女は言及しなかったが、軽いうつ状態であるようにもみえた。彼女はできるだけ男性を避けるようにし、避け損じた時には、誘いを拒んだ。彼女は自分ではどうしてそうするのかわからなかった。私もなぜそうなのか数カ月もわからなかった。ある日、女性の同僚が彼女に「キンバリー、あなたって本当に美しいわ」ととても暖かい口調で言った。彼女の反応は驚くべきものだった。彼女は、酷く赤面し、急いで部屋を出て、そして深刻なパニック発作に襲われた。次の面接までには、彼女はその出来事の意味を探求し始めることができるほどには十分に落ち着きを取り戻していた。その後何カ月かにわたって事情が明らかになっていった。彼女の母親はたいそう若々しく魅力的であり、娘の風下に立つ心の準備ができていなかったようだ。キンバリーが思春期になり、彼女の美しさがはっきりしはじめると、母親は美人コンテストの女王の座を奪われて、深刻なうつ状態になった。母親の競争意識が話題に上ったことはなく、キンバリーは彼女が母親の鬱の原因であったということを意識的には知らなかった。彼女は、自分の美しさにほとんど気づいていなかった。セラピーの中で彼女は断片的な記憶をつなぎあわせ、徐々に物語をまとめ上げた。

キンバリーの父親は、妻を大事にしていて、そしてキンバリーとの関係は適切であったように思われた。それでも、キンバリーがどんなにうまく自分をごまかしたとしても、母はエディプスの勝利者として彼女を見た。無意識的にキンバリーは自分の美しさを嫌い、母の苦悩について自分を責めるようになった。美貌をうまく使って男性を引きつけられるなど、彼女には思いもよらないことだった。たいてい、彼女は、自分の容姿はたいしたことはないと何とか思い込んだ。また明らかになったことは、彼女は真に自分が幸せであると感じるのを許していなかった。彼女は母親の不幸の責めを負うのは自分であると思っていたので、罪悪感から幸せになる権利を否定していた。読者は、エディプス・コンプレックスの理論を先刻ご承知なので、キンバリーの罪悪感の別の深い源をお気づきになるだろう。彼女の母親は、次のようなメッセージを送っていた。「降参だわ。あなたの勝ちよ。」こうしてキンバリーの勝利にまつわる無意識の苦悩は、彼女がその勝利を望んだという確信と複合することになった。

ジェリーやキンバリーがこんなにも苦しめられるのは、罪悪感の原因が彼らから隠され、このような原因が抑圧されていたからこそである。セラピーのゴールは、それぞれが次第に然るべき記憶を思い出し、然るべき関連づけを行えるような状況を創り出すことである。

第11章では、治療的な関係における**転移**の力、すなわち、早期の親との関係がセラピストとの関係に重ねあわされるありようを探求する。

ジェリーのセラピーには、転移の治療的価値が劇的に例証されている。何カ月かのセラピーの後で、ジェリーは、私が彼を認めていないのではないかと確信するようになったと私に告げることができるようになった。私が彼は仕事を真面目にしていないと思っていて、彼は給料ほどには働いていないと疑っていると、彼は確信していた。しばらくの間、私は、そのことは彼にとってどんなに痛ましいかということに単に共感を示していた。ついに、彼が権威的な立場にある年上の男性が彼を認めないかもしれないと疑うのも無理のない理由があることを私は示唆した。というのは、すでに前例があったのだ。彼は権威に疑問を持ってはならないと学んできたので、権威者に認められないことには正当性があるに違いないと思っていた。ジェリーは、その論理が子どもだましであり、隙だらけであることを今や悟った。すぐに彼は父親自身に問題がある可能性と「汝は、起きている時にはいつでも生産的に活動していなければならない」という命令はないという可能性を考え始めることができた。セラピーが終わるころには、彼の罪悪感は、かなり緩んだ。

キンバリーと私とのセラピーでは、重要な転移現象が生じるまで相当な時間がかかった。何カ月もの間、男性に対する恐怖とデートをすることに対する不快感について探求した。また当初単に疑いに過ぎなかった抑うつは、本格化した。そしてその抑うつにもかかわらず彼女は、面接の日に以前よりも化粧をして、おめかしをしていることに私は気がつきはじめた。私はふだんこのような観察を患者と共有することにやぶさかではないが、それを話題にすることに気乗りしないことに気づき、そのためらいに、戸惑った。ためらいの原因は、ついに彼女の洋服と化粧について言及した時にわかった。クライエントとセラピストとの間で起っていた無意識的なコミュニケーションにおいて、このことは彼女にとって非常に困惑させられる話題だと私は学びとっていたに違いない。次の面接では、洋服も化粧も前の状態に戻っていて、彼女は、それについて再び触れないでほしいと私に懇願した。私は、彼女がどんなに苦しいかわかると言って、私はその問題に触れないことにした。数週間後、セラピーや私についての感情のせいで抑うつがひどくなった可能性はあるのかと彼女に尋ねた。それはあり得ることだと彼女は答えた。彼女はセラピーが次第に不快に感じられ、やめることを考えていた。私は、彼女の洋服と化粧という禁断の話題に戻り、私に魅力的だと思われたいと彼女が認識できるようになってきたならば、私にとって合点がいくことであると言った。彼女にとっては、そのような希望を持つことは恥ずかしくて自己中心的であるよう思われると私にはわかっているが、私にとっては至極当たり前であると思われる、と私は言った。

何年もかけて、私は無意識というものの英知にかなりの敬意を払うようになった。無意識からのメッセージに関心を向けると、しばしばはるかに良いセラピーへ導かれるものである。思うに、キンバリーは自己探求することによって、意識のすこし下で、制止の力動を理解し始め、いささかアンビバレントではあったが、禁断の領域に入る準備ができているとのメッセージを私に送るところまで来ることができたのである。思春期に彼女は、父親に魅力的だと思われたい、非常に魅力的だと思われたい、さらに母親よりも彼女の方が魅力的であると思ってくれたらいいのにと願う時期を経ていた。父は母をないがしろにする兆候を決して示さなかったが、キンバリーは自分のわがままな願望が母親の悲嘆の原因であると信じるようになった。彼女はそれ以来自分を罰していた。私は、彼女の賢明な無意識によって、私が彼女に魅力を感じればいいのにという願望が彼女の中に生み出され、そのことが私たちを彼女と父親との関係へ導いたと確信している。彼女の成長への望みが覚醒して、罪悪感を最終的には乗り越えるという事例であったと思われた。

これらのテーマに少しでも関係のあるものを彼女が容認できるまでにはさらに多くの月日を要したが、最終的には、抑うつは和らぎ、彼女はデートをし始めた。

フロイトが罪悪感を文明のために払う高い代償として特定したことを述べてこの章を始めた。多くの者にとって、罪悪感を減じたり、避けたり、その償いをしようとすることは重要なエネルギーの漏出であるが、また意欲をおこさせるものでもある。『文化の中の居心地悪さ』は、憂鬱な本である。それよりも二〇年以上前、フロイトは、もっと楽観的な論文を書いていて（原注3）、そこでは徐々に文明が啓発されると快の追及のみならずさまざまな形の自己表出にまつわる厳しい制裁を緩められるという希望を記した。彼が『文化の中の居心地悪さ』を書いた一九三〇年までに、そのような楽観主義の多くを失ってしまった。その変化の理由をすべて明らかにすることは不可能だが、第一次世界大戦の悲惨さが大きな要因であることは確かである。

とはいえ、フロイトは、彼の楽観主義の**すべて**を失ったわけではない。すべての人が、私的な考えに対して罪悪感の攻撃にさらされているわけではない。そのような攻撃には、頻度と深刻さにおいてかなりの多様性がある。誰しもに無意識の罪悪感の表現である不幸や不満が頻発するわけではないとフロイトは言った。

フロイトが創始したセラピーは一九三〇年以来、紆余曲折を経てきた。子どもを育てることに関しての理解やもっと安全な社会を創造する可能性についてもまた然りである。この章の中では、罪悪感からの苦しみの多くはセラピーで解放されうること、そしておそらくは、新しい世紀の多くの親が、罪悪感という重荷を自分たちの子どもができるだけ負わずに済むのにはどのように子どもを育てたらいいのかということを学べるということをみてきた。

第9章　夢

皆さん、ある種の神経質症の人々の病気の症状にも一つの意味があるのだということが発見されたのは、いつのことでしたでしょう。あの発見をもって、精神分析という治療的技法が、基礎づけを得ることになったのでした。この治療法では、患者がその症状を話すべきところで夢の話をするということが、よく起こってきたのです。このことをもって、こうした夢にもまた一つの意味があるということが、推定されるようになりました。

——ジグムント・フロイト『精神分析入門講義』

フロイトは、一九〇〇年に出版された『夢解釈』(原注1)を自分の最重要著作だと考えていた。確かに、この本には賞賛に値する豊かさがある。エディプス・コンプレックス、一次過程と二次過程の区分、成人の機能が乳幼児期に起源を持つことに加えてさらに多くのことがこの本で紹介されている。しかし、フロイトがこの本を誇りに思ったのは、このような重要な発見を記述しているからではなく、むしろ、その題名が明らかにしているように、フロイトの見解では、フロイト以前には誰もなしえなかったこと、つまり夢の暗号を解読することを、彼が成し遂げたことをこの本が世界に対して告げているからである。彼は、この本がそれだけで重要な功績であるとわかっていたし、そのうえ、彼はこの本が、神経症を理解して治療するための手がかりを明らかにするのだと確信していた。夢を解釈しなかったら、そのセラピストは精神分析を行っていないとフロイトは考えるようになった。

フロイトが夢の性質について看破したことのうち、まず注目すべきは、夜見る夢は白昼夢のように願望を表しているということだった。白昼夢は、それを見た人が少なくとも内密には認めることのできる願望を表している。子どもの頃、私は自分の住む町のメジャーリーグ・チームで野球のスター選手になるという白昼夢を見ていた。そのことに何も恥じらいはなかった。友だちも同じ夢を見ていて、私たちはその夢を隠さずに分かち合っていた。今だと、私は罪悪感を持たずに日曜の午前中丸ごとを喫茶店でニューヨーク・タイムズを読んで過ごすことをときどき夢見ている。そのことについても恥じらいはない。白昼夢をきっかけにして、フロイトは夜寝ているときに見る夢も願望の顕れであるかもしれないと推論した。彼は、子どもの夢が白昼夢と同様に願望の赤裸々な顕れであることを見出した。フロイトは、娘の一人が病気で一日何も食べられなかったあとで、イチゴとオムレツとプリンの夢を見たことを報告している。

フロイトは、大人の夢でも同様に、願望があまりにもわかりやすいので夢を理解するのに分析がほとんど、または全くいらない場合があることを観察した。夕食で塩辛い食べ物を摂ったら、その夜には決まって喉が渇いて目が覚めるという話を彼は伝えている。目が覚める前に彼は、思い描ける限りで最上の、美味で満足のいく飲み物を満喫している夢をいつも見た。それから、起き上がって本当の飲み物を飲まなければならなかった。喉が渇いていたことで、飲み物が欲しいという願望が喚起され、夢がその願望充足を表していたのである。(原注2)

しかし、このようにわかりやすいのは稀である。無意識の威力を最も豊かに引き立たせる夢では、願望は覆い隠されている。これが、フロイトの次なる重要な発見である。願望を見出すことのできる唯一の方法は、夢見手に夢の要素について自由に連想するようにさせることであると彼は説いた。

フロイトが、夢解釈がそれほどまでに重要であると考えた理由を理解するのは難しくない。彼は、あらゆる夢が、神経症の症状が形成されるのと同じ方法で構成されると考えた。神経症の症状を除去することは、その無意識の意味を知ることにかかっていると考えていたので、夢を解釈することは、治癒に向かう一歩であったのだ。夢の意味は、症状の意味の断片を露わにするのだから。彼の明快な体系は、あまりに単純すぎるということが解ってきたが、いまでも夢の世界についての賞賛すべき明察を含んでいる。

フロイトのモデル

- **神経症**：神経症は、受け入れ難い性的な願望の抑圧によって引き起こされる。抑圧はその人を無意識的罪悪感から、ゆえに神経症という苦悩から、守るのに十分整ってはいない。うずもれた願望は表出することを求める圧力下にあり、神経症の症状を使って表出することができるようになる。少なくとも意識的な罪悪感を避けようとする企てにおいて、抑圧が不完全な願望は偽装され、当初にそれを抑圧した検閲官の目を潜り抜けることになる。それゆえ、症状の無意識的な意味を明らかにするには、それを解読しなければならない。
- **夢**：うずもれた願望は夢の中に活路を見出す。睡眠中に検閲官が寛ぐのをかぎつけて、抑圧された願望はこの機に乗じて表出してしまおうとする。しかし、検閲官が寛ぐとはいえ、非番にはならない。夜間の監視役についている自我の機能が、偽装されていない願望によって眠っている人を目覚めさせるのに十分な不安が引き起こされるだろうと気づくこともある。検閲官は、日中に願望を抑圧している力を欠いてはいるけれども、願望を覆い、そのことで眠っている人の休息を（通常は）守るように監督している。
- 受け入れがたさゆえに偽装された願望は神経症の問題を引き起こすので、解読されなければならない。受け入れがたさゆえに偽装された願望は夢を作り出しているが、それを解読することで症状を引き起こしていたある願望を暴くことができる。

フロイトが夢の解釈を無意識に至る王道と名付け、これが神経症の精神分析を行ううえで必要不可欠の鍵であると考えたのはなぜかを理解することができる。

フロイトのモデルは、神経症の精神分析を、もはや完全には説明してはいない。人生のたくさんの問題において、抑圧された性的願望がおそらく重要な役割を果たしているが、もはや唯一の原因であるとはみなされない。この前の章で見たように、多岐にわたる無意識の願望や恐れが問題を生じさせる。

夢の起源

夢は、夢見手がそれ以前の日に体験した何かに対する反応であるとフロイトは考えた。その出来事（思考の産物かもしれないし、実際に起きたことかもしれない）への連想の連なりによって、抑圧されなければならなかった、夢見手にとって受け入れがたい願望にたどりつくことができる。睡眠中は検閲官が寛ぐので、願望が表出を求める。

検閲官が行うこと

フロイトは、記憶されている夢の出来事を顕在内容と呼んだ。隠蔽された願望は潜在内容と呼んだ。検閲官は、潜在内容を歪曲することで顕在夢へと転換する。歪曲をもたらす主な過程は、圧縮と置き換えである。以下の事例が描出している。

私のクライエントは、映画の撮影を見学している夢を見た。二頭の馬が、崖から落ちて死ぬように崖っぷちまで御されていた。夢見手は、それが映画で動物たちは十分に安全だとわかっているが、馬たちが崖っぷちに近づくと顔を背けずにいられなかった。

彼が最初に連想したことは、「売春婦（whore）」と馬（horse）とのつながりだった。それから彼は、その夢を見た日に古い友人と電話で会話したことを思い出した。何年も前に、彼とその友人は、クルーズ船の「ダンス・コンパニオン」として雇われ、その稼ぎで大学の授業料を捻出していた。前日の電話の会話でその友人は、回想しながら「僕たちは二人ともまさに売春婦だったね」と言った。

彼らは二人ともクルーズを楽しみ、また求められる男であることを楽しんだ。私のクライエントは、友人が基本的な規則を破ってとても魅力的な乗客と寝たことを思い出した。私のクライエントは、友人のふらちな勇気と、何よりも羨望に値する性体験にとても嫉妬した。

馬がこうむりそうな、明白だが現実ではない危険についての彼の連想は以下のとおりである。

馬は、酷使されて殺害された犠牲者のようにみえた。馬たちは大事にされている映画スターだというのが真実であると私はわかっている。これは高級売春婦にも当てはまることがあるな、とも思っている。だれもが憐れみ、酷使された無力な薬物常用者だと見ている。けれど、なかには素晴らしい人生、つまりセックスの世界に浸った物憂い贅沢の人生を送る者もいるだろうと思う。

私は、彼が羨望を抱いているようだと言った。

そう、そのとおりだと思っている。自分が作り上げてきたこのブルジョワ的な生活には心底うんざりしている。自分は、裏社会つまり「売春婦の世界」への渇望を秘めていると思う。売春婦でありたかったんだ。船に乗っていたときの僕たちように、ただし、そのときは僕が乗客と寝てお金をたくさん貰うということはなかったけれども、最高級売春婦でありたかったんだ。僕はたくさんお金を貰えただろうけれど、一番重要な報酬は、無責任な終わりのないセックスということだったんだ。僕は、ブルジョワ的な責任で死にそうなくらい気が滅入っている。

この夢をたどるのはここまでとしよう。ほとんどの夢のように、この夢も全体としての意味の集合体を含んでいる。そのうちの二、三の点しか私たちは明らかにすることができないけれども。もし、ある患者の夢をどれでもひとつ完全に理解したならば、その分析全体を理解することになるだろうと、少なくともある意味では真剣に言う精神分析家もいる。私はクライエントとともに、夢に対してひとつの有益な意味を見いだせたら幸福だと告白しよう。

この夢で、夢につながる日常の残渣は、クライエントが友人と電話をしたことと彼らが売春婦であったことについてその友人が言及したことである。その潜在内容は、責任から逃れて性的な楽園を見つけたいというクライエントの願望である。「売春婦」は馬に置き換えられている。長編物語の全体は、短い映画シーンの撮影を見ているというひとつのイメージに凝縮されている。

たいていの夢が願望をあらわしているということは決して自明とはいえない。それでも、フロイトは、自分と患者の無数の夢を解釈した後で、願望充足がすべての夢の特徴であると確信した。批評家は、不安を喚起する夢や処罰を受ける夢を引き合いに出して彼に異議を申し立てた。処罰を受ける夢については、以前に彼が理論体系に超自我を加えていたので、簡単に対処することができた。つまり、処罰を受ける夢は、超自我が願望を充足することを表しているのである。というのも、超自我のもっとも重要な役目は、超自我の持ち主が超自我にとって受け入れ難い願望を抱いたら罰するということだからである。不安を喚起する夢は、フロイトにとってずっと厄介で、『夢解釈』の初版が発行されてから三十年後にも、フロイトはこの問題と格闘しながら、なおこの著書の改訂を続けていた。今では、百年にわたる炯眼を持って、願望充足理論は夢を理解するのにとても有用であるが、単独の公式がどのようなものであっても、それだけでは肥沃な夢生活を正当に扱うことはできないと言っておそらく差支えないだろう。このことを以下でさらに考えてみよう。

この章に着手する前の日々に、私は例示するのにふさわしい夢をもう一つ見つけようとしてフロイトの本と論文をざっと見ていた。書き始める前の晩、夢をみて、私はその夢を常にないほどよく覚えていた。私は自分の夢をほとんど全くと言っていいほど覚えていないので、これは私の無意識からの格別な贈り物だった。

私はサッカー・チームの一員で、ロッカールームにいて、試合を始めるために競技場に入場するところである。チームは男性と女性の両方から成っている。私たちはみな、ふつうの街着を着ている。その女性たちが自分のかつての学生だとわかる。私は、競技場に入場しようとしているのは十一人より多い人数にちがいないと気づく。そんな責任はないのに――私はそのチームの一選手にすぎない――、私は選手を数えるのを自分の義務としつつ、「このことに責任を負うべき副コーチはいないのか」と考えている。私は声を出して人数を数えはじめ、ミミ・ロリンズは私をじゃまするために大声でバラバラな数を言い始めた。私は怒って言った。「すこぶる無礼だ。それに面白くないし、馬鹿なだけだ」と。私は、最後の単語をとても強調して言っていて、ミミの落ち度が些細なものであることを考えるとその言い方は不必要なほどに攻撃的であることに衝撃を受けた。

私は、この求めていた夢が与えられたことに喜び感謝しながら目覚めた。そして、連想を繰り広げ始めた。

私は先週ミミに会った。彼女は調子がよさそうだった。選手を数えることは、授業に学生が来る前に椅子を数えるやり方だった。積んであった椅子を並べて数えながら、実際これは教師の仕事じゃないなと独り言をいうが、結局のところいつも椅子を並べている、ということがある。私は大学でサッカーを止めたことを後悔している。今では、サッカーを止めたのは間違いだったとわかっている。夢の中の女の子たちは魅力的だと思っている。ミミに言ったことは、好きな映画のせりふのつまらない言い換えである。それは、『永遠の愛に生きて』でデブラ・ウィンガーが演じた人物が性差別主義者の愚か者を殴り倒しながら言う「馬鹿にしようとしてるの？　それともあなたが馬鹿なだけ？」というせりふである。ミミ・ロリンズは、オペラの『ラ・ボエーム』のミミを思い出させる。友人のビルとサラのことと、ビルがそのオペラとオペラのレコードを賞賛して二人がパヴァロッティを崇拝していた頃のことを思い出す。当時ビルとサラは、私の父母同然だった。彼らは私を食べさせてくれ世話をしてくれ、明らかにとても愛おしんでくれた。私は彼らの家にいるのが好きだった。サラが亡くなってからすべてが変わった。私の母親像は死んでしまい、生活状況が変わったので、ビルとサラの街にさほど行かなくなった。

私の解釈は以下のとおりである。

ありうる解釈のうちのひとつだけをまとめよう。この夢と連想に思いを巡らせていると、この夢は世話をされること、依存的な子どもであることへの強力な無意識的な願望を示しているように思える。目が覚めている意識的な生活では、私は強迫的に責任を負い、世話をしている。夢では、私はその役目を引き受けることにたくさんの怒りを持っているのである。私の父は、私が十三歳の時に亡くなり、母は悲嘆へと退却した。私をとても長い間何年も独りぼっちにしたまま。彼女が姿を見せるときは、世話をする人としてというよりも男を誘惑する人としてであった。それが心理的に代償の大きいことであることはとうの昔にわかっているが、わかっているのは単に知的な水準のことなのである。こういった喪失を通じて私が持っていた願望の強烈さ、そして見捨てられていることへの怒りが、夢を解釈しているとき不意に私をとらえた。

夢の象徴

夢を扱い始めた当初から、フロイトは夢の象徴に関心を持っていた。たとえば、夢における王と王妃の組み合わせは夢見手の両親を表しており、王子や王女は夢見手を表している。フロイトは、象徴、特に性的な象徴が、高い信頼性をもって解釈されうるし、夢の潜在内容に光明を投げかけうると確信するようになった。彼は、危険性を認識していた。つまり、象徴解釈を用いることで、解釈する人は自分の空想を夢見手に押し付けるという危険に陥るのである。翻って、夢見手の自由連想によって生じた解釈は、より信頼に値するようにみえる。それでもなおフロイトは、危険性があるにもかかわらず、夢を解釈する最も強力な方法は、夢見手の自由連想を解釈する人が持っている普遍的な象徴に関する知識と結びつけることであると考えるようになった。

『夢解釈』の初版には、象徴についての記述はほとんどみられない。続く第二版と第三版で、フロイトはこのテーマにさらなる注意を向けた。第四版では、この話題についてまるまる一節を費やしている。フロイトはこの話題について詳細に研究してきており、かなり興味を持っていた。彼が夢の象徴について記述することで、ある種のアンビバレンスが示される。一方では、精神分析はあてにならないとかオカルトだと見なされるべきではないという彼の懸念を考えると、新しい「夢の本」を書いているらしいことは、この上なく気の進まないことである。フロイトの時代には、現代と同じく、読者が具体的な助言を得られるような夢の解釈法を説く本があった。その助言は、愛情や仕事や他の実際的なことに関してであった。つまり、思惑や企てがどうなっていくのかについての具体的な予言を含んでいた。これは、ある象徴を翻訳することによってなされた。たとえば、その種の本のひとつでは、手紙の夢を見ることは厄介事が起きることを意味していた。葬儀は、婚約を意味している。もし夢が手紙と葬儀の両方を含んでいたら、夢見手はこのことを合わせて誰かの婚約に厄介事があることに備えておくよう指示された。ある種のアメリカの独特な文化では、こういった本は依然として一般的である。こういった本は、しばしば賭け事の決断について助言を与えるが、一九世紀の本のように、依然として生活における助言も与えている。少なくとも、フロイトの時代以降、教育を受けた人々のほとんどと全科学者は疑いなく、こういった本は迷信深い戯言だと見てきた。

フロイトは、自分がそのような本をもう一冊書いていると、わずかでも人に思われないよう必死だった。一方で、彼は、夢や民話やよくある言語表現や冗談にみられる象徴を研究すればするほど、夢の象徴に意味、特に性的な意味を帰することが正当なことだと確信するようになった。長い物体は男性器を、くぼんで入れ物になる物体は女性の性と生殖の仕組みを表し、そして、階段や梯子を登ることは、性行為を表した。

フロイトは、登ることがどのように性交を表しうるのかを理解することは難しくないと述べた。彼は、登ることでは、一連の律動の中で頂点にたどり着くが、それまでに次第に息切れをして、そして、一瞬の飛躍を数回すると、再度ふもとに到着することを指摘した。性交における律動の形が上の階に行くことで再現されるのである。(原注3)

夢の解釈は、分析家による夢の象徴についての慎重な解釈だけでなく、夢見手の連想に入念に注意を向けることを含むようになった。「慎重な」というのは、象徴が普遍的な意味を持っているとしても、その象徴が現れた文脈に対して入念に注意を払うことがやはり重要だということを意味していた。

この章の最初の部分を執筆した後の数日間、私は、夢の象徴をわかりやすく描き出しているものを見つけるためにフロイトの夢の象徴についての例を探したが、満足のいくものは見つからなかった。そして、私の無意識はもう一度関連する夢を見せてくれた。この夢は、有名なモーツァルトの『魔笛』というオペラの登場人物にぼんやりとつながっている。そのオペラで、ザラストロは元型的なよい父親である。彼は、ヒーローのタミーノとヒロインのパミーナにイニシエーションとなるいくつかの危険な試練を課すが、それは単に共同体において自分に代わって彼らに指導者なってほしかったからである。彼は、タミーノとパミーナが試練を切り抜ける中でタミーノがお守りとなる魔笛を演奏することを許す。ザラストロが歌う長調のアリアは、赦しと報復の拒絶に彼が関わっているという点で重要である。

夢：私が川の近くの野原を歩いていると、ひとりの男が近づいてきて、さまざまな種類の金属で作られた複雑な装置を直すのを私に手伝ってくれないかと頼む。私は、それを分解し始めて、ピンをはずし、組み立て直すときになってそれがどの部分になるのか覚えていられるといいなと思っている。ほとんど分解し終えて、分解するのが本当に難しい小さなパズルのような鋳鉄の部分に取りかかった。それが本当に難しいというのは、ある部品を外すために別の部品を特別な方法で動かさなければならないからだ。その作業をしながら、私たちがこれをやっているのはザラストロのためであるとわかって、私たちの近くにとんがり帽子の形をした彼の旗があるのを見る。私は、ザラストロの有名なアリアがその旗から流れてくるのを聴くのを待ち望んでいる。そして、私は、子どもの頃にザラストロがこの場所の近くにある野原へ散歩に連れていってくれたのだと理解する。残りの部分も何とか分解し終えて、すべての破片が地面に落ちて、目が覚める。

連想：魔笛はたんに男根的象徴ではなく、強力なファロスの象徴である。パズルを操作するのは自慰行為である。ザラストロは、魔笛を森の中の木から作ったが、それは雷雨の最中にだと私は思う。究極の世話役の父親であるザラストロは、復讐を信じていない情け深く哲学的な指導者である。彼は喜んで彼の笛（＝ペニス）をタミーノに与える。彼はパミーナを暗黒の母親から守る。少年のとき父親が亡くなってからのある時期における本当に恐ろしいことのひとつは、私と母親の間を隔てるものはいまや何もないということであった。私は彼女のヒステリー発作に近寄らないよう、部屋の中に閉じ籠もろうとした。意識的には彼女のヒステリー発作に近寄らないために、そして無意識的には思いがけないエディプス的な接近から離れているためにであるのは間違いない。私は、よく母親のことを邪悪で危険だと見ていた。私は助けを求められるのが好きである。常にそうである。それは、責任があることを必要としていることの一部である。そのことで罪悪感が減るのは確かだし、恥も減るかもしれない。あるとき何かで落ち込んで車を運転していたところ、一台の車に止められ、運転している人に道を訊かれて、それに応えることができた。私の気分は劇的に明るくなった。

すべての夢のように、この夢には多くの意味がある。ひとつの解釈は以下のとおりである。

私は、自分のセクシャリティを支え非難しない父親を切望している。それは、子どものころの自慰と成人してからの異性愛である。私を自分の男根的な力の継承者にすることに熱心な人、私のエディプス的な対抗意識や敵意や起こりうる（苦い）勝利を許す、本当に許す人を切望している。私は、誘惑的で危険な母親から私を守ってくれる人を切望している。もし私が役に立つ人物であれば、その人はさらに喜んで私を許し、支えてくれるかもしれない。

なぜフロイトが夢の解釈を神経症の治療における決定的に重要な道具であると思っていたかは、明らかである。

神経症は無意識の葛藤によって生じる。その葛藤はどのように見出され患者に示されるのか。夢以外のことがらについての患者の自由連想が葛藤について多くのことを明らかにすることが望ましいが、フロイトには唯一の確かな方法、「王道」があるようであった。つまり、夢解釈である。

夢解釈の現状

『夢解釈』の出版から一世紀を経て、精神分析と夢解釈の関係は広範囲にわたって変化した。夢解釈が作業の中心的な一部であるとは、もはや見做していない精神分析家が多い。精神分析家のポール・リップマンは、C・G・ユングの後継者は夢の作業に重きを置き続けているが、彼らを除いては分析家の夢との情事は終わったようだと書いている。(原注4) 彼は、これは、驚くべきことに、無意識的なものを明らかにしていくことが次第に強調されなくなってきたことを含む理論的な移行の結果だとしている。このことは、無意識的なものをさほど明らかにせずにむしろそのように露わにすることに代わってセラピストとクライエントの関係が吟味される、ある種の関係療法への動きと関連している。

リップマンはまた、このように夢から遠ざかることを別の要因へと帰している。彼によると分析家は、夢を扱うことについて常にアンビバレントである。彼はフロイトが私たちに夢を解釈することを教えたと指摘している。これは、夢の検閲官を出し抜いて夢のパズルを解かなければならないという義務を伴う。ときに、実際しばしば検閲官が勝ち、分析家は混乱のうちに分析を途中で止めたり、ひょっとすると夢見手を咎めるような方法を見つけたりすることを強いられる。しまいには、分析家は力不足を感じ、途方にくれてしまうかもしれない。リップマンは、分析家が夢分析の重荷から自身を解放するのにうまい理由があれば安堵するだろうことは驚くにあたらないと言う。

リップマンは、さらに興味深い観察を付け加えている。私たちは、文化が実在する世界からバーチャルな世界へと向かっている時代に生きている。外界にあるスクリーンが、内面にあるものよりも関心を引くものになっているようだ。夢は、おそらく内面的なものの最たるものであろう。それゆえ、精神力動的なセラピストが夢に背を向けるのは、電子化された世界の範囲が広がっていることの表れかもしれない。

深層を扱う心理療法のセラピストにとって、夢解釈から立ち去ることは、クライエントの無意識の過程への関心を減らすことを意味していないと私は思う。関係性を重視するセラピストは、クライエントの無意識を明らかにしていくことについて強調することから立ち去りつつあるけれども、これは決して彼らのすべてに当てはまることではない。関係精神療法の名付け親であるマートン・ギル（原注5）と自己心理学派の創設者であるハインツ・コフート（原注6）は、今あるクライエントの問題の太古の埋もれた根っこを表層に運び出すという重要な仕事にしっかりと関わっていた。現代における彼らの後継者の多くは今でもその関わりを保っている。

フロイトは、夢が無意識への王道であると強く信じていたので、夢解釈が臨床実践の主流から消えていくのを見たら、悲しむのはまちがいないだろう。しかし、夢だけが、決して唯一の王道ではないし、もっとも信頼できるものですらないかもしれないのである。クライエントの無意識の過程について、彼らの歴史の細かな部分や、彼らの生活にみられる些細なパターンや、彼らがセラピストと関係を築くやり方に目を向けることから学べることはたくさんある。

それでもなお、精神力動的なセラピストが夢に背を向けることでうち捨ててしまっていることはあまりに多い。夢について考えを重ねていくことによって、私たちの人生や臨床の仕事は豊かになる。リップマンが言うように、分析家が、夢の一つひとつは意味を秘めていて、分析家が有能そうならば即座にたどり着くにちがいないという勘違いを持つようになったのは遺憾である。そのために、夢見手と聴き手の両方が、夢そのものからあまりにも早く撤退することになる。顕在しているイメージについて楽しみながらあれこれ考えてみることには大きな利益がある。先に述べた最初の夢で、私はサッカーの試合や大学でサッカーを辞めたことの後悔についてもっと多くの時間を費やすこともできただろう。たくさんの魅力的な女性の周辺で働くことについての自分の感情を探求することもできただろう。確かに『永遠の愛に生きて』の台詞への私の関心には、大いに期待できそうだ。私がたどり着いた解釈は、間違いなく啓示的で有用であるが、夢の豊かさを発掘し始めたにすぎないのかもしれない。

深層心理学的な心理療法において、ユング派にとって、王道は患者の単なる個人的無意識以上のものに至るのである。ユング派による実践のほかには、夢解釈が再び中心的な位置を占めるということはありそうにもない。ユング派は、夢の象徴は患者に目下影響を与えている集合的無意識のある側面への不可欠な手がかりであると捉えるのである。人々がみな普遍的な「集合的無意識」を分かち合っていると考えているので、(原注7)

夢解釈に背を向けるユング派ではないセラピストは多いけれども、依然としてどの学派でも夢に魅了されて夢を扱うことが生産的であることを見出す精神力動的なセラピストが常にいるようである。おそらく、夢は無意識への王道ではないし、少なくとも唯一の王道ではない。それにも関わらず、夢には見落とすことのできない豊かさが含まれている。（私たち自身のまたはクライエントの）夢が探求されるとき、挑むべき暗号としてではなく力強い個人の詩として、意味に特段の関心を向けずに楽しんで探求されるなら、夢は啓示的で豊かな実りをもたらすものでありうる。

第10章　悲哀と喪

おい、どうした！　帽子を引き下げて顔を隠したりするな。声を放って泣けよ。嘆きを封じ込んだりすると思いばかりが胸に籠って張り裂けるぞ。
——シェイクスピア『マクベス』（訳注1）

一九一七年にフロイトが、「喪とメランコリー」（原注1）という短い論文を公刊し、そこで喪失、死別、喪の精神分析的な探求をはじめ、この探求は、人間の苦悩を理解することにおいて精神分析的思考が成したより重要な貢献のひとつとなった。そのはじまりとなる論文の出版以来、この探求を推進してきたので、力動的なセラピストたちにとって、悲哀と喪は、セラピストのそして実際私たちみんなの関心事として、今やもっともよく理解され、最も徹底的に探求されたもののひとつとなっている。

ここで私たちの関心を引く「喪とメランコリー」の様相とは次の通りである。私たちは、非常に重要な相手やその人との関係には膨大な心的エネルギー（リビドー）を投入する。そのエネルギーは、相手自身のみならず、彼らとの関係にまつわる重要な記憶や連想のすべてに対しても投じられる。重要な関係であればあるほど、より

（訳注1）木下順二訳、岩波文庫、二〇〇四、一一四頁。

多くの心的エネルギーが投入される。そのことは幼い子どもへの親の専心をみれば明らかである。もし、子どもが亡くなったら、または他の何らかの意味で失われたなら、その投入したエネルギーは今や行き場がなくなり、残された人に激しい痛みを与えたあげく、失った子どもに対する、強烈で、むなしい切望を生む。重要な人が失われたときはいつでも、残された人は、世の中や他の人への関心を喪失することを典型的に経験するのである。彼らにとって、人付き合いすることや新しい関係を作ったりすることを思い描くことはむずかしいのである。彼らは、悲しみに打ちひしがれており、悲しみの強烈さは、失われた関係の重要さによって生じる。

そして、喪がはじまる。喪の過程とは、失われた人に連なる重要な記憶や連想から心的エネルギーを回収するという、痛ましく、しばしば困難な営みであるとフロイトは観察した。喪が進むにつれ痛みは軽減する。そして喪が完了すると、人は再び世の中に関わり、他の人との関係に投じるために用いうるエネルギーを持つことができる。

この主題に関するフロイトの言葉は引用に値する。

ところで喪が実行する作業はどのようなことから成り立っているのだろうか。それを以下のように叙述しても何ら不自然なところはないとわたしは信じる。すなわち、現実検討が愛された対象はもはや現存しないことを示し、いまやこの対象との結びつきからすべてのリビードを回収せよ、という催告を公布する。これに対して当然の反逆が起きる。というのも、あまねく見受けられることだが、人は一つのリビード態勢から進んで立ち去ろうとはしないからだ。たとえ代替物がすでにその人を待ち受けている場合もそうである。この反逆が非常に徹底したものとなり、幻覚によって現実からの背反と対象への固執とを全うすることさえある。通常は、現実に対する尊重が勝利を保つ。だが、現実による指図は即座に実現することができない。この指図は時間と備給エネルギーとの多大な消費をともなって一つ一つ遂行される。そしてその間、失われた対象の存在は心的に維持される。リビードがその中で対象と結ばれていた想起や期待のすべてについて、その一つ一つに的が絞られ、過剰備給がなされ、リビードの引き離しが執行される。……〈中略〉自我は喪の作業が完了したのちに再び自由で制止を免れた状態に戻るのだ。（原注2）

この論文を書いた直後に、フロイトはこの理論に重要な変更を施したのだが、以下でそれをみていこう。

第7章で、「失われた対象の取り入れ」について議論した。フロイトは「失われた対象の取り入れ」の概念をこの論文で導入した。彼は、メランコリーや抑うつの様相が痛ましい喪失に続くことがあると考えた。フロイトの言う、失われた対象の取り入れとは、メランコリーな人が、あたかも、失われた人が実際に今や自分の一部であると無意識に信じ込んでいるかの如くにふるまうことである。これは、その失われた人との関係が極めてアンビバレントである場合に起こりやすい。その場合には、人は痛ましいまでに自己批判的になる。この非難の内容は、実は残された人にではなく、失われた人に向けられたものとみれば最も理解しやすいとフロイトはみた。彼の記憶すべき名言は、「対象の影が自我の上に落ちて」である。この取り入れは、喪失を先延ばしする方法であり、そしてまたアンビバレトな気持ちの怒りの側面を表現する最後の機会にしがみつく方法でもあると彼は考えた。

私のクライエントのスコットは、若い父親であり、妻が悲劇的な亡くなり方をした。私の面接室で彼女について悼むにつれ、彼は強烈な罪悪感を体験しはじめた。最初は、何について罪悪感を持っているのか判らず、ただ、罪悪感を持っているということだけ判っていた。そして、罪悪感の内容が、次第に明らかになっていった。彼は、六歳の息子を見捨ててしまったことにひどく罪悪感を持っていたのだ。彼は悲しみに沈み込むあまりに情緒的に息子から引きこもってしまった自分を責めていた。

しばらくたって、次第に、スコットの息子との生活の話からは、愛情や関心が適切でないという証拠はないように私には思えるようになった。私は、夫と息子の両方を置き去りにした妻に対してひょっとして怒りがあるのではないかと慎重に尋ねた。最初彼はこの指摘を興奮気味に拒絶し、妻が亡くなったあの事故は決して彼女の責任ではないと私に念を押した。次に私は、悲哀を伴う感情は、必ずしも合理的ではないし、そして愛する妻が亡くなったことにおけるすべての感情の中で、愛する妻が置きざりにしたということに対する怒りの感情があったとしてもそれはまったく無理もないことだと示唆した。彼が、ついにそういう可能性を探求することができる時になった時に、彼の罪悪感は消えそして真の意味での喪の作業が始まった。

「喪とメランコリー」の中でフロイトは、喪失した対象の取り入れは、病理的な悲嘆反応によってのみ起こるとしていた。またフロイトは、喪の作業が成功するには、亡くなった人の心像から愛のエネルギーを撤退させる必要があるが、それは、もし失った人の内的な心像にしがみつくなら、そうやってしがみつくことで、新しい関係に十分にエネルギーを注ぐという残された人の自由が邪魔されることになるからである、とも言った。喪の作業が成功しないと、まさにこのように虜になる結果になりかねない。とはいえ、「喪とメランコリー」を書いて五年後に、フロイトは考えを変えた。『自我とエス』(原注3)の中で、喪失した対象の取り入れは病理的であるどころか、普遍的であるかもしれないと記した。それは喪失した対象をあきらめられる唯一の方法であるかもしれず、それによって性格が形作られる重要な過程の一つかもしれないのだ。ハーバード大の心理学者であるジョン・ベーカー(原注4)は死別に関する現代の精神分析的な論文を調査したが、フロイトがこの論文で提示しているように、喪の作業が**うまくいく**と、失った人のなんらかの意味で良性の内的な心像が遺族に残されるという了解が、それらの論文に広く共通していることがわかった。内的な心像は、なぐさめとなる記憶や空想となって立ち現れるのかもしれない。「良性」というのは、悪い記憶に脅かされたり、付きまとわれたりする感覚がなく、都合のよいときに心像を呼び出せるという意味だとベーカーは言っている。喪の作業がうまくいくというのは、ある意味で、遺族が引きずっている喪失した人の心像によって、遺族が新しい関係をつくるためのリビドーが制限されないということである。

スコットが私に提供してくれたもののひとつは、フロイトを導いたにちがいない喪失した対象の内面化についての理論を変更するような種類の臨床経験である。フロイトは、当初は、喪失した対象の影が自我に影響するのは、非常にアンビバレントな関係な場合だけであると考えていた。すべての関係は、ある程度アンビバレントであり、スコットの妻との関係もまた例外ではなかったかもしれない。しかし彼を良く知るようになるにつれ、一般の人間関係に比べて、彼の妻との関係がひどくアンビバレントであったとは、つまりはスコットの妻に対する多大な愛の下に通常では考えられないような怒りが埋められていたとは私には思えなくなった。スコットを含む私のクライエントは、喪失した対象の取入れはきわめてありふれているということだけでなく、喪失した人に対する無意識的な怒りは、どのような関係が失われたにしても罪悪感の装いで立ち現れうることを教えてくれた。フロイトの門下を含む、多くの力動的なセラピストは、喪失した対象の取入れが、稀なことでもなく、また病理的なことでもなく、いつでも罪悪感の感情を生むとは限らないことを今や考えている。喪失した対象の取り入れは、おそらく、大切な人の喪失を和らげる一般的で、普遍的でさえある方法だろう。失われた対象の取り入れはフロイトが描いたもの以外でも広く多様な形をとりうる。

私の友人の一人は、父親と同じ大学に入学して、父親がそうであったように、特に文学などは最低限の読書量で卒業した。彼は営業関連の仕事を得た。彼が卒業してすぐに母親が亡くなった。即座に彼は文学の博士号をとるプログラムに入学し、ディケンズやシェイクスピアの熱烈な研究に従事するというのでみんなを驚かせた。彼の母親は文学が情熱的に好きで、とりわけその二人の著者が好きだった。彼は母親の死と自分の突然の新しい関心事との関連を意識していないようだった。

別の友人は、ドイツに行く親戚に、その出発の前日、良いローライのカメラを買ってきてほしいと頼んだ。その友人は写真に興味がなかったので、それは驚くべきリクエストだった。親戚は、彼にカメラを買ってきたが、私の知る限りでは、彼がそれで写真を撮ったことは一度もなかった。何年も後で同じ友人が、日本で休暇を過ごして、高額なニコンのカメラを携えて帰ってきた。日本ではさほど高額ではないのでそこで買わない手はないと私に説明した。彼がそのカメラで撮ったのはせいぜい数枚の写真だろう。何年もの間そのカメラは、箪笥のこやしになっていた。さて、親戚のドイツ旅行の直前に、友人は最初の妻と離婚していた。彼女は、ご推察のように、熱心な写真家で、ローライを持っていた。友人が日本を旅行したのは、二番目の妻とごく最近別れたことをある程度乗り越えるためのものであった。彼女もまた、写真家であった。彼女のカメラはニコンだった。くだんのシェイクスピア学者のように、この友人も、彼の喪失と一見不可解な二つのカメラへの願望とを意識的には全く関係づけていなかった。

第4章で、ある若い女性についてのフロイトの描写を見たが、その女性は、両親に新しく子どもが生まれることは父を失うことであると考えていた。この喪失に反応して、彼女が選択して取り入れた父の一面は、彼の女性に対する性的な関心であった。これによって、彼女の同性愛の傾向が強まった。

「喪とメランコリー」の中でフロイトは、不完全な喪の作業の影響について論じてはいないが、フロイトに連なる著術家たちは、そこで含意されていることを見落さなかった。最も影響力の大きな人の一人は、ボストンの精神分析家のエリック・リンデマンであった。リンデマンは、一九四三年に酷い事故で彼の病院が死傷者と遺族でいっぱいになった時以来ずっと悲嘆反応に関心を持っていた。土曜日の夜、フットボールの大試合の直後に、混み合ったココナッツ・グローブレストランが焼け落ちた。およそ五〇〇人が亡くなった。その惨事の余波で、精神科にいたリンデマンと彼の同僚は、突然ものすごい数の遺族を助けなければならなくなった。その経験によって、「急性悲嘆の症候学とその管理」(原注5)という非常に重要な論文が生まれた。

リンデマンによる観察の主眼は、急性悲嘆による苦痛や麻痺状態から自分自身を解放するためには、喪の過程が完遂し、喪失の現実と含意が深く受けとめられることが必要であるということである。喪が行われなかったり、不完全であったりすると、抑うつ、対人的なひきこもり、人生への関心の喪失、そして潰瘍性結腸炎のような身体的な問題といった危険に遺族をさらすことになる。

喪は、フロイトが観察したように、非常に苦痛で、多くの遺族の直感的な反応としては、それを最小限にしたり、それを完全に避けたりすることがある。友人や家族は「さあ、そんなに彼女の話ばかりするのはやめなさい。それは、あなたを悲しくさせるだけだから」といって、気を紛らわせるようにすることでしばしばこの回避に加担する。

多くのセラピストは、不可解にも抑うつであったり、ひきこもっていたり、難治性の心身症的な問題を持っていたりする患者と出会うと、喪の作業がきちんとなされていないような患者の過去の喪失をそっと探すものである。そのような喪失をみつけたら、セラピストは、セラピーの重要な部分としてその喪の作業を励まし、サポートするというのが自分の仕事の一部であると考えるだろう。

英国の精神分析家のコリン・マレー・パークス(原注6)は、悲哀と死別について広範囲にわたって研究した。彼の研究は、遺族を悲哀の麻痺から解放して、自分の人生を進んでいけるようにするために喪が必要であるというリンデマンの見解を強力に支持した。私たちの社会（ヨーロッパとアメリカ）では、喪を儀式化しておらず、喪のための宗教的で制度化された機会を提供していないということが、どれほど代償が大きいかをパークスは指摘している。人類学者のG・ゴーラー(原注7)とE・バーゴインもこれに同意している。北ヨーロッパとアメリカの大半では、最低限以上の喪はみっともないものとされている。結果として、私たちの社会の遺族は、喪が儀式化され、奨励されるような社会の遺族に比べてかなり分が悪い状態でやっているとパークスは考えている。たとえば、スピリチュアル・バプティストとよばれる西インド諸島のキリスト教派では、遺族は、集団祈禱や断食に特徴づけられる喪の儀式で支えられている。調査者によって、そのような儀式の後で苦痛が相当に減ることが報告されている。誰しもがさらされる悲惨や孤独という危機に対して現代の英国の社会構造は、何も提供できないことがゴーラーの調査で判明した。この原因の一つとして、ゴーラーが示唆するのは、儀礼的な宗教的信念や儀式が衰退していることである。パークスも賛同し、彼の研究ではイギリスの未亡人は悲嘆を避け、儀礼的な喪を行わなかったが、儀式的に悲嘆を表現することが期待され確立されている社会であれば、そのようなことは起こらなかったのではないかと述べている(原注8)。

バハマのニュープロビデンス島における最近夫と死別した未亡人の集団は、ロンドンに住む未亡人よりも健康で心理的な問題がない。この研究をしたバーゴインは、このことはニュープロビデンス島で期待され、また奨励されているあからさまな悲嘆の表現によるものであるとしている(原注9)。

スコットランドとスワジ族の女性について、身近な親類の死に対する反応を比較した研究では、儀式化され、社会的に支持された大規模な喪が行われているスワジ族の女性は、死の直後ではより苦痛を示したが、一年たってからはスコットランドの女性に比べて、罪悪感の感情に悩むことはより少ないことが判った(原注10)。

フロイト以降、悲嘆について研究した人たちの多くは、ほとんどの遺族は自らを解放するには、十分に喪を行わねばならないといっている。これを実践すると、遺族は以下のようにしなければならない。

- 自身に泣くことを許さなくてはいけない。
- 喪失、喪失の痛み、そして、その喪失が彼らの人生で何を意味すると考えられるかを語るよう努めなければならない。

- 故人について語り、また故人と共有した経験を話そうと努めなければならない。
- 故人に対して感じる怒りについて語ることを奨励されなければならない。
- 故人に対する罪悪感、故人を救うのに十分なことができなかったということに対する罪悪感を含んだものを自由に表現するように奨励されなければならない。そして
- これらすべてのことに対して、共感的なサポートがあたえられなければならない。

パークスは、これらの提案に対して、「ただし、急ぎ過ぎずに」という注意を付言している。喪失直後の数時間ないし数日間は、遺族にはサポートと安らぎが必要であり、喪の苦痛に向き合う準備はできていないことが彼の観察で示唆されている。そして彼によると葬式が早すぎることが多いという。彼は、苦痛は徐々にでなければならないが、招き入れなければならないのだと言う。パークスのデータは、不完全な喪によって喪失から適切に回復されないことが観察されるというリンデマンやほかの人たちの観察を強力に支持するものである。「彼女のことについてあまり考えないようにしなさい。悲しくなるだけだから」などと言うことは、自分に対してであれ、友人に対してであれ、有益ではないと分析家たちは教えてきた。これは大きな貢献である。

第11章　転　移

転移は精神分析の中心にあり、フロイトのもっとも中心的かつ深遠で創造的な発見のひとつであった。それは強力な概念であり、無意識というものの真髄——現在の中に隠れている過去——を、そして連続性というものの真髄——過去との連続における現在——を論じている。

——E・A・シュワーバー『The Transference in Psychotherapy』

フロイトが最初に協働したのはジョセフ・ブロイアーという神経科医で、ベルタ・パッペンハイムという若い女性の治療をしていた。ブロイアーとフロイトは、この症例報告(原注1)を出版する際に彼女の仮名をアンナ・Oとした。ベルタはとても魅力的で知的な若い女性で、片腕の硬化麻痺、神経性の激しい咳、液体摂取嫌悪、不穏な幻覚の反復そして発話困難といった一連の痛ましい症状に苦しんでいた。実際、彼女の母語はドイツ語なのに、英語でしか話せない時もあった。症状は、敬愛する父親が死の床についたときに出現した。彼女は父親を看病することにすべての時間と労力をささげたが、彼女の症状がとても激しくなって辞めざるをえなくなった。

ブロイアーはこの症例がとても魅力的だと思った。彼はこの症例と治療についてフロイトに説明し、治療の進展を知らせ続けた。ブロイアーはベルタをほぼ毎日、しばしば彼女の寝室で診察した。ブロイアーとベルタが共に行ってきた治療は、ブロイアーがベルタに催眠をかけ、彼女に話すよう促すことで成り立っており、彼女が幻覚状態でつぶやいたことばを彼が聞き取り、その言葉を嚆矢として彼女の心の中に浮かんだ考えについて何であれ自由に話すところまで続けるというものだった。彼女はそれを「煙突掃除」と名付けた。フロイトが、この知的で興味深い女性についてブロイアーが述べるところに耳を傾けるにつけ、彼はブロイアーが症例にも彼女にもともかく魅了されているのだと理解し始めた。

ある日ベルタはブロイアーに、彼の赤ん坊を身ごもっていると告げた。フロイトの脳裏には、ブロイアーのベルタとの関係がまぎれもなく道徳的なものであったことへの疑いはかけらも浮かばなかった。実際、彼はブロイアーと、彼女は処女であるという確信を共有していた。その妊娠は、ベルタのまったくの想像であることがわかった。ブロイアーの反応は、即刻治療を中止し、街を離れて妻と二度目のハネムーンに出かけるというものだった。

フロイトは、ベルタの治療に生じたこの転機を熟考して、愛嬌のある女性と見目麗しい男性が互いに魅かれ合うようになるのは、何ら特筆すべきことではないと気づいた。彼にとって特筆すべきことは、ベルタが自分は妊娠していてブロイアーの赤ん坊を産もうとしていると確信していたことのようであった。

ブロイアーとベルタが築き上げてきた関係は、双方の深い感情と思慕を掻き立てたが、その感情と思慕について彼らは全く気づかなかった。これが、心理療法的な関係は両者に驚くほどの激しい思いを掻き立てうるが、その一部、ひょっとするとそのほとんどは、無意識であるということをフロイトが最初に示したものである。彼はまた、患者が無意識の圧力によって歪められたレンズを通じてセラピストやセラピストと自分の関係を見ていることがあると気づいた。のちにフロイトは、これと似た激しさと歪曲がセラピストに生じてくることに興味を抱くようになったが、当初彼の関心は患者に向けられていた。

自分の、そして同僚の患者に起きているこのような現象をよく考えた結果、フロイトは二つの無意識的な力が作用していると結論付けた。一つめは、彼が呼ぶところの**鋳型**の力が継続していることである。このことによって彼は、最早期の関係が心の中で鋳型を形成し、後に生じてくる関係をすべてそこに合せようとするのだと言っている。父親を厳格で批判的だと思っていれば、権威のある年長の男性はすべて厳格で批判的であるだろうと心のどこかで思うのである。鋳型の影響があまりに強力で猛威を振るっていたら、すべての男性が、おそらくはすべての人が、こうであるだろうと思うかもしれない。同様に、父親を面倒見よく協力的であると思っていれば、この先出会う権威のある年長の男性にこのような特徴を見出せると期待するだろう。

二つめの力は、すでに見てきたものである。つまり反復強迫で、過去の外傷的な状況や過去の外傷的な関係を再演しようとする、奇妙だけれどもとてもよくある欲求である。患者が心理療法を始めると、おそらくは彼らのもっている父親の鋳型のために、セラピストを厳格で批判的だとみることが生じる。そして、反復強迫によって、患者はセラピストを苛立たせるよう計算されたやり方でふるまい、その予測を確かめることになるのである。こういった態度や予測は親からセラピストへと「転移され」たものであり、フロイトはセラピーを受けている患者にみられるこの傾向を「転移」と呼んだ。これが彼のもっとも素晴らしい発見の一つとなった。

この発見が重要なのは、セラピストにとって価値があるということだけではない。すぐに、フロイトは、過去の状況を再現する傾向のように、人が持ち続けている予測は、セラピーだけで起きているのではなくあらゆるところで、すべての人間関係で生じているのだと理解するに至った。この章のあとの部分で、転移現象の遍在、つまり転移現象がどのようにセラピーの内部と同じように外部でも動いているのか、転移現象によってどのように自己理解を深めるための素晴らしい道具がすべての人にもたらされたか、そして転移現象が、精神力動的理論が継続して活力を持ち続けるうえでどれほどの光明を与えているか、を検証する。

フロイトは、転移が多様な形式を取りうることを観察した。たとえば、患者は、セラピストを批判的な父親であるとも面倒見のよい母親であるとも競争相手である同胞であるとも見なしうる。

私のクライエントのビヴァリーは、たびたび私を疑っていた。彼女は私が約束に現れないだろうと疑っていたし、私が守秘義務を守ると思っていなかったし、彼女の報告した感情を私がわかると言ったときも、疑っていた。どのセラピストもクライエント一人ひとりの信頼を得なければならないが、この件は極端に思えた。次第に、私はこの疑いが、元々は彼女の全くもって信頼に値しない父親によって掻き立てられた疑いから私へと、どのように転移したか理解していった。父親は、いつも外に連れて行くと約束しては背くのだった。彼女の友だちの前で、彼女が家族の秘密だと考えていたことがらを暴露したものだった。彼女が大学に行くことを応援すると約束しておきながら、臆面もなくその約束を破ったのだった。

フロイトは、転移には三つの区分があると考えるようになった。(原注2)

- **陽性転移**――患者のセラピストに対する感情は、大部分が愛着と信頼である。
- **陰性転移**――大部分を敵意と疑惑が占めている。
- **中和されていない性愛化転移**――患者は分析家との性的な親密さを求める強烈な欲望を体験する。

フロイトは、陽性転移を「異議のない」ものとみなした。それは患者にセラピストへの信頼と、セラピーという旅のつらく険しい道のりを通じて患者が支えられ続けているという感触をもたらすことで、セラピーの作業を行えるようにするものである。フロイトは、セラピストに陽性転移について何もするなと助言している。陽性転移を受けたらただ有り難がっていろと、彼は言った。陽性転移があるから仕事ができるのだ。私が二番目の分析家に愛していると告げたとき、彼女は黙っていた。当時は、それが良い技法と考えられていたのである。つまりその技法は、陽性転移はそのままにしておけというフロイトの勧告を奉じていたのである。

陰性転移となると話は別である。陰性転移は解釈されなければならない、そうしないと患者の敵意や疑惑のために作業ができなくなる、とフロイトは言った。私が最初の分析家に、あなたは役立たずのばかだと思うと告げたとき、彼は私が無意識的に父親に対してとても怒っていると示唆した。どれほど彼のその解釈がぎこちなかったにしろ、これもまたよい技法と考えられていた。しかし、これから見ていくように、現代の分析家はまるきり異なった反応をするだろう。

フロイトは、性愛化転移は分析家と患者に深刻な問題をもたらすと警告した。患者が分析家への性愛的な感情に気づくのは珍しいことではない。たいていは陽性転移の穏やかな側面に過ぎず、困難をもたらさない。陰性転移のように、性愛化転移も古典的には「本当は」分析家にではなく親像に対するものであると解釈される。しかし、性愛的な感情がとても執拗で、解釈しても通常の分析的な探求へと向けていくことができなければ、性愛化転移によって、分析は突然動かなくなってしまうだろう。実際、患者は「分析にもう感心はありません。あなたと親密な身体的接触を望んでいるだけなのです」と言うのである。フロイトは、分析家が最大限の努力をもって性愛化転移を分析の材料に転換しようとしても、このような感情が根強く続くなら、患者を別のセラピストに紹介するより仕方ないと考えた。

フロイトの理論では、肯定的な感情はすべてリビドーのエネルギーの表現であり、同様に否定的な感情は破壊的なエネルギーの表現であった。自我が直面している仕事のひとつは、その処理されていないエネルギーを創造的で社会的に受け入れられるよう「中和」することである。中和は、処理されていないリビドーを情愛や尊敬や慈愛へと転換することを指している。破壊的なエネルギーの中和は、そのエネルギーを競争や主張や遊び心のある攻撃性といった有用な衝動へ転換することを意味する。人生がうまくいくための心理学的な基盤のひとつは、適切な中和である。根深く強烈すぎて分析家を破壊するような性愛化転移は、異論のない陽性転移を創り出すのと同じエネルギーが十分に中和されずに表現されたものである。

フロイトは当初、転移の現象を無意識の感情や空想を明らかにする真の分析的な仕事を妨害するものとして見ていた。彼は自分のことを、埋もれた記憶を注意深く暴き、患者に問題をもたらすかつては無意識的だった感情や記憶を意識化することを仕事としている心の考古学者であると考えていた。彼は、協働へと導く純粋な陽性転移以外にはどのような転移も、妨害物であり邪魔物であると考えていたのである。しかし、精神分析の手法が発展する比較的早い段階で、フロイトはすべての転移を盟友として、確かに煩わしくはあるが、かけがえのない盟友として、見始めたのだった。

フロイトははじめのころ、無意識はたやすく意識化することができて、患者を治すことができると期待して頓挫していたので、このような盟友を必要としていた。彼は、問題の根っこにある無意識の記憶や願望だけを発見し、単純にそれを患者に伝えることで目標が達成されると考えていた。彼は、すぐに、そして悲しいことにそれでは十分ではなく、心の無意識の領域への明快な洞察は確かに治癒に必要であるが、それではまちがいなく不十分であることを見出した。このような洞察を患者に告げることは、患者の行動や苦痛の程度に何の変化も起こさないことが多かった。患者に変化が生じて励まされたとしても、それは落胆するほど一時的なものだとわかることになったのである。フロイトは、患者が何かを深くわかることなしに、それを知的に「わかる」ことがありうると見出していった。私の分析家は、私が空想上の子ども時代の罪について無意識的に罪悪感を持っているので、長じてから絶えず罰せられることを予測していると私に説明した。それは説得力をもって響いた。それにもかかわらず、私の人生はほとんど変わらなかった。分析家がそのつながりを意識化したとしても、一見したところ私の心の無意識の部分にはほとんど影響を与えなかった。

フロイトがそんないらだたしい発見をして以来、心理療法の——単に精神分析だけではなく、すべての心理療法の——歴史は、治癒をもたらすために、何が自己洞察に加えられなければならないかを発見しようとする企ての連綿とした連なりであると理解できる。分析家は、この加えられなければならない何かを「情緒的にやり抜くこと」と呼ぶ。それは、洞察を用いることができる患者の心の中の場所に洞察がもたらされることを意味する。フロイトは最初に、これを行う方法は、証拠を集積すること、つまり患者に次から次へと無意識的空想の強い影響力の例を示すことによると信じていた。それが、精神分析がこれほどにも長くかかった理由である。私は自分の分析で、この自分の罪深さという空想が私に影響を与えている多様な形式を教えられた。それは私の仕事に、恋人との関係に、そして教師や研究生や大家や自動車整備工との関係に影響を与えていた。私は、症状が退屈のあまり死に至ることによって精神分析が完遂されるのだと考え始めた。

フロイトが、医師‐患者関係について最初に大きな発見をしたのは、その関係の性質がいかに治療の進展を妨害したり促進したりするかを理解したときであった。歯科医や外科医は、たぶん患者の自分に対する感情に関心を払う必要がない。患者がじっとしていたり、口をあけたままでいれば、患者が医師を好きであろうがなかろうが、医師は自分の仕事ができる。フロイトは、心理療法的な関係については、このことがどれほど劇的に事実に反するかを発見していたのである。そして、彼は関係性について二番目の重要な発見をした。フロイトは、転移は煩わしいものであるかもしれないが、転移によって、治療という仕事をやりとおすためのもっとも強力な道具がもたらされると理解するようになった。彼は、転移がとても強くなると、彼が呼ぶところの「転移神経症」を生じさせることがあることを見てとった。「転移神経症」とは、患者の問題の中でももっとも顕著なものが分析家との関係において立ち現れることを意味する。

アリスは聡明なクライエントで、私たちの長期にわたる分析の早い時期に、エディプス・コンプレックスの解消において取り組んでいない重要な仕事があると認識していた。彼女は、子ども時代に父親が愛情をこめて彼女に触れることの本性について困惑していたことを自由に話したが、触れられることで居心地が悪くなった、その理由が明白ではないことをわかっていた。長じてからの生活で彼女は、主にセックスのために彼女を求める男性に魅かれることが多いことに気づいた。アリスと私は、長期間にわたって一生懸命、彼女のエディプス的な固着と大人としての生活でそれが再演されることについて取り組んだ。彼女は、このことをどちらも詳細にわたって、心痛を伴いつつも理解した。にもかかわらず、彼女はこのパターンを続けていた。折に触れ、私は彼女に、私をどう思うか、そして私が彼女をどう思っていると想像しているかを尋ねた。彼女はいつも、怖くて考えることができないと答えた。そして、何カ月もしてからついに、ためらいながら次のように言った。私を信用していない、と。つまり、彼女に対する私の関心は性愛的なものであると確信しており、治療関係における適切な境界を私が尊重するなどとは信用できず、私に対して警戒している必要があるのだ、と。私の意識の水準のどこかで、たとえ境界侵犯の恐れはないにせよ性愛のことが彼女のいう通りだとしても、私は驚かないだろう。彼女はとても魅力的で、魅力的な女性とともにたくさんの親密な時間を過ごしていたら、いくばくかの性愛が生じないとは、私は想像できない。しかし、それは私の意識的な心からかけ離れていた。つまり、私は自分の仕事をするだけで手いっぱいだった。

これが一九五五年のことならば、私は、彼女が怖がっているのは私ではなく父親だと彼女に断言しただろう。しかし今は一九五五年ではなく、この職業はその後大いに発展してきた。私は彼女に、このように打ち明けるという賭けをした彼女の勇気をどれほど称えているか、そして、自分のセラピストが彼女に魅力を感じているだけではなく、おそらくは実際に彼女を誘惑したいと思っていると考えてみることは、どれほど怯えを感じることか、容易に理解できると言った。私は、何を手がかりにそのように考えたのか教えてもらえるかと尋ねた。彼女は、彼女への私の応じ方について、セラピストのクライエントへの応じ方より個人的だと思われる何かがあったと答えた。数セッションにわたって、彼女は私に具体例を示そうと時間いっぱい探索した。私は、私のふるまいが彼女にとってとても「個人的」であることで、彼女は私の動機に疑問を持つのかもしれないと理解したと言った。翌週のセッションの多くは、このように受け取ったこととその結果として生じる感情についての話し合いを含んでいた。折に触れ、私は、彼女が私の暖かみを感知したなら、それは確かに間違いのないことであると思うが、私が持っているのではないかと彼女が恐れている感情を私が持っているという自覚はないと言った。しかし、私たち二人ともが、無意識に対して大いなる敬意を払うようになってきたと付け加えた。

ついに、私の暖かみについての彼女の解釈は、確かにもっともらしいものだが、それだけが唯一ありうる解釈ではないと、私は彼女に示唆した。私の暖かみは、単に性愛的でない感心と情愛を表しているかもしれなかった。彼女は、それはそうかもしれないと同意した。私は、性愛と誘惑という解釈を選んだありえそうな理由を探してみようとする気になったかどうかを彼女に尋ねた。彼女は、噴き出して笑いながら、「想像できないわ。想像できますか？」と言った。

彼女のセラピーはその後しばらく続いたが、彼女の生活は変化し始めた。私たちは、目いっぱいの時間を使って、彼女は私が彼女に対して性的な関心を抱いていることを恐れているだけではなく、確かに恐れていたのだが、より深い水準ではそれを欲望してもいるという可能性について探索した。読者は、フロイトが強い恐怖はしばしば願望を隠していると諭したことを思い出すだろう。

結局、アリスは誰とも付き合っていない男性に出会って恋に落ちた。私は、転移において洞察を成し遂げていくことが常にこのように機能するのだと言うことができたらよいのにと思う。そうはならないこともあるのだ。しかしそれは、フロイトが以下に述べたように、しばしば機能する。

この（転移の）領域でこそ勝利はおさめられねばならないのであり、神経症からの持続的快癒がその勝利の表現となるのである。転移現象の克服が精神分析家に最大の困難を提示することは否みようがないが、とはいえ、まさにこの同じ現象が、病者の隠された、また忘れられた愛の蠢きを活性化し顕在化させるという、はかり知れない任務をはたしてくれるのだということを忘れてはならない。なぜなら、結局のところ不在の者を打ち倒すことはできないし、本人の変わりにその肖像を打ち倒すというわけにもゆかないからである。(原注3)

マートン・ギルと現代の転移分析

フロイトは、治癒へと向かうための秘訣は、埋もれた衝動や空想を抑圧から奪還することであると確信していた。転移において洞察を成し遂げていくことの価値は、治療関係における歪曲について理解することが、治療状況の外のできごとや関係について理解することよりも、患者にとって、際立ってより説得力があるということであると、フロイトはうすうす気づいていた。最後の著作で、彼はこう記している。「**患者が転移の形で体験したことは再び忘れ去られることがなく、他のどのような手段で獲得されることよりも強い説得力を患者に対して持つ**」(原注4)。認知的理解に強調が置かれているのである。

フロイトは、セラピストに対する患者の見方が鋳型によって歪められる特有のやり方を、分析家は看破することができるし、そうすべきであると考えていた。このような歪曲を描き出すことで、分析家は患者の破壊的なまでに歪められた知覚について、患者がこれから先理解するよう教えていくことができるというのである。しかし、この見解には問題がある。

クライエントが私のことを神経質で防衛的だと言ったら、私は「なるほど、彼女の父親が防衛的だったにちがいない」とひそかに考える。クライエントが、私がいかに熱心で献身的であるかと感謝していると言えば、私は「そう、それが私の真実の姿だ」とひそかに考える。ここに問題が見て取れる。つまりセラピストは、クライエントのどちらの反応が真実で、どちらが「歪められている」のかを判断する立場にないのである。ついに精神分析家はそのことを理解したのだが、それは、哲学か高エネルギー物理学を専攻している大学一年生であればだれでも教えてくれるような、次のことをようやく悟ったときであった。つまり、「現実」は定義しようにも捉えどころのない概念である、と。

フロイトの最も重要な後継者のひとりである、米国の精神分析家のマートン・ギル（一九一四―一九九四）は、有意義で得心のいく解答を提示した。私たちはそれぞれに対人関係における相互作用を、無意識の空想というレンズを通じて、つまり、それによって経験を系統立てようとしてきた個人特有の原理というレンズを通じて、眺めているというのである。対人関係の刺激は、とても曖昧になりがちなので、多面的な解釈が生じる。どのようにしてその解釈の中から選択するかは、オーガナイジング・プリンシプル、つまり鋳型によって決定されるのである。このことは、クライエントについてだけではなく同様にセラピストについても真実である。

ギル(原注5)は、精神分析の実践と同様にその他の力動的心理療法のさまざまな形態に多大な衝撃を与えてきた。今日、実践を行っている力動的なセラピストでギルと彼の弟子に影響されていない者は、ほとんどいない。

多くのセラピストは、自らがクライエントの知覚のうちどれが現実的でどれが歪められているのかを判断する立場にあるという考えを放棄してしまっている。このような知覚のすべてが、ある程度は現実的であり、ある程度は鋳型によって形成されているのである。「転移」という言葉は、元来、クライエントの知覚と反応がセラピストから見ると歪められていると思われることを指していた。この定義はもはや、精神分析家が何が現実であるかについての特別な洞察を持っているという確信を捨て去ってしまったので、役に立たなくなったのである。転移を再定義しようとする試みが何度かなされてきた。「現実」を「歪曲されたもの」と区別することができないようなので、そしてすべての対人関係上の知覚はある部分は鋳型によって形成されるので、クライエントがセラピストに対して持っている、**あらゆる**感情と思考と知覚と判断を転移と呼ぶと単純に考えることが最も有効なようである。

ギルは、クライエントのためにどのように転移が用いられるかも明示した。彼は、第2章でみてきたように、抑圧された材料が表出を求めることを記述した。彼はさらに、治療状況はこの材料を放出するのに理想的であることをフロイトが描出していたことも記述していた。そしてギルは、臨床的な関係において第一に治療的な要因として働くものは、転移において、過去の埋もれた衝動や空想を再体験し、それをセラピストに対して表現し、もともと遭遇したのとは著しく異なる反応で埋め合わされる機会であると明示した。ギルによれば、その理由は、患者の適応的でない信念や態度は対人関係における相互作用によって獲得されたものであり、それゆえ同じ文脈において変化させられねばならないからである。

ギルにとっては、私がアリスに、彼女が私を恐れるのは父親に対する恐れを歪曲して再演しているのであるとか、彼女の恐れの下には、彼に魅力的だと思ってほしいという願望が潜んでいるとかを説明するのでは十分ではないのだろう。ギルにとっては、私がまずなすべき仕事は、彼女が私を恐れていることは現実かつ重要であることを認め、彼女が私の中に見出した合図も含めて彼女の恐れを細かく探求するよう励ますことである。同時に、内在する願望、つまり、私が彼女に魅了されてほしいという願望を、彼女が安全に告げられるようにすることが、ギルにとっては重要であるだろう。そして、それが、恐れと願望の古くからある根っこを彼女が探求するのを助けることを可能にし、また必要不可欠なものにするだろうと、ギルは言う。

ある人をその不在中にまたはその肖像を壊すことで破壊することについての引用からわかるように、フロイトはこの位置に向けて苦心して進んできていた。しかし、転移分析の技法を、重要で影響力の大きい前進への一歩へと実際に進めたのはギルであった。

ハインツ・コフートと自己対象転移

転移を理解するという領域において、同様に重要なフロイトの後継者のひとりにハインツ・コフート（一九一三―一九八一）がいる。コフートが精神分析において行った多くの価値ある革新のなかで、ここで関連しているのは「自己対象」転移、つまりずっと待ち望んでいた親にとうとう会えるという期待、についての彼の描写である。（原注6）コフートの自己対象についての概念は、以下のとおりである。誕生直後、子どもは三つの重要な無意識の問いで心が占められる。それは、健全で愛情に満ちた家庭では両親によって肯定的に答えられる問いである。一つめは、自分は、ここで歓迎される愛されうる人物だろうか、である。しばしば母親であるだれかが『白雪姫』の鏡のように、その子どもがだれよりもきれいで素晴らしいと伝える。その応答は、子どもの自尊心をいつまでも安定させるものである。

しばらくあとになって、二つめの問いが出てくる。自分のような小さくて未熟な存在が、圧倒してくる世界や押し寄せる感情にどうやったら対処できるのだろうか。この問いは、子どもが、両親またはどちらかの親が、落ち着いて、自信があって、有能であるとわかることによって答えが得られる。その子どもが対処できるようになることはまだ必要でなく、その力のある親が、子どもが強くなって経験を重ねるまでは、物事を引き受けるだろう。このことが、安心という重要な感覚を打ち立てるのである。

最後に三つめの問いがある。自分は、何ら他の人と変わったところがなく、それゆえに受け入れられるだろうか、それとも風変りで受け入れられないだろうか。親が子どもを大人の活動に参加させるとき、子どもは、「自分は変じゃない。自分はママやパパみたいなんだ」という、口に出されない分、なおのこと強いメッセージを受け取っている。

コフートは、このような愛情と安全に対する欲求がどうなるかは、その後の子どもの精神的な健康を左右する重要な要因だと考えた。このような欲求が適切に満たされると（コフートはこれがそれほど多くは生じないと考えた）、その子どもはエディプス・コンプレックスをうまく引き受ける準備のできた健全な青年へ、そして健全な成人へと成長する。このような欲求が適切に満たされないと、その人物はサイコセラピー予備軍になる。そのような満たされなかった欲求は、その人の人生において永続的で無意識的な力となってその人を追い立て続けるだろう。鋳型と同様、それらは、あらゆる機に乗じて顕れるだろう。

　フロイトは、転移は早期の関係性の再演であると述べた。私は人が私の子ども時代と同じであると無意識的に予測し、その預言を実現するべく計算されたやり方でふるまう。コフートは、再演としての転移が確かに起きていることを認めたが、他の形の転移も生じていることを記述した。つまり、元来の関係**よりも良い何かへの期待**としての転移、である。父親が厳しければ、無意識的な鋳型によって私は自分の分析家を厳しいと思うだろう。しかし、昔の欲求を満たそうとする無意識的な願望によって、私は分析家を、実際の父親とはちがう、いつも望んでいた暖かく愛情深い父親であるとも思うだろう。コフートに言わせると、私はとても欲したが手に入らなかった愛情深く認めてくれる**自己対象**として今やセラピストを見ているということになる。コフートは、これを「自己対象転移」と名づけた。

　コフートが目覚ましい貢献をして以来、精神分析家はこれら二つの種類の転移を認めている。ロバート・ストロロウとその一派[原注7]は、クライエントがこの二つの種類の転移の間を揺れ動いているようだと提示している。セラピストがクライエントの感情に共感的に同調すると、クライエントは自己対象転移を経験するだろうとストロロウは言う。転移が古い鋳型へと転じたら、セラピストは自分が共感することの失敗を犯したのではないかと疑うべきだとストロロウは提言する。その失敗が探索されて修正されると、転移は自己対象の形を再び取るだろう。

　再演された転移によって、クライエントが古い傷つきに取り組みぬくことができるので、それが癒されるのである。自己対象転移によって、セラピストにはクライエントの、愛情に満ちた世話や支えや承認を求める、長い間続いてきた無意識の飢えを認め共感する機会が与えられ、癒しが生じるのである。

日常生活における転移

もともと、フロイトにとって転移はセラピーの状況において主に見出された現象であるように思われた。やがて彼は反対に、それはどこにでもあると考えるようになった。重要な関係のすべてにおいて、そしてかなりの数の些細な関係において、人は、どこに行こうとも、早期の生活のある側面を絶え間なく再演し続けている。友人関係や仕事の関係や情事において、そしてとりわけ権威を持つ人物との関係において、そうしている。転移を吟味して理解することは、セラピストにとって不可欠である。しかし、すべての人が、こうやって理解することによって、人生の設計図を豊かに感知することができるのである。

そういった人生の設計図は、詩のようだと考えられるかもしれないし、より正確には音楽のようだと考えられるかもしれない。一八世紀の作曲家は、ソナタといわれる音楽の形式を採用した。ベートーヴェンやモーツァルトの交響曲の第一楽章がその例である。ソナタ形式では、その楽章の主題が冒頭に提示される。その楽章のあとの部分は、作曲家が主題を展開させ、主題の変奏を創り出し、主題を再現することで構成されている。それは、効果的な設計図であり、おそらくは、明らかにその時代の音楽が永久に演奏されることになるであろうことの理由のひとつである。人生をソナタとして見ることができるかもしれない。あらゆる関係において主題が冒頭に現れ、人生のあとの部分は、その主題の変奏や展開や再現を見出すことで構成されている。

コフートは、転移の再演のように自己対象転移も人生のあらゆる局面において顕れると示唆している。子ども時代に自己対象欲求を十分に満たされてきた人たちでさえも、人生を通じて、自分を承認し鼓舞してくれる他者を探し続けるのである。欲求がさほどうまく満たされなかった人たちは、これをいっそう熱心に行うのである。

大学時代、私はあまりにも広い講義室でいつもたいていの教授から遠く離れて座っていたので、彼らに対する感情や印象をさほどもつことはなかった。そうしても転移の反応が続くことは止まらなかったが、意識的にはそうした反応は重要というより面白いものに思えた。大学院では、何かしら大きなちがいがあった。私は、教授たちと親密な接触を持ち、実際に彼らが私に対して限りない権威を持っているように私には思えた。ある教授が私を認めないとか、興味を欠いているとかのかすかな兆候を見つけたと思ったら、私の経歴も私も深刻な困難に陥ると私は確信したのである。私が父親との関係をどう感じていたかを想像できるだろう。反対に、もし教授が穏やかで私に関心を持っているようであったら、私は教授の賞賛を得て弟子になるという空想をすばやく繰り広げたのである。これは、典型的な自己対象転移、つまり元来の関係よりも何かしらよいものへの期待である。

日常生活における転移の影響力について理解し吟味することで、自分にそして自分の周囲の人に作用している無意識の威力についての理解と評価が、大いに増すのである。

逆転移

フロイトとその後継者たちが、転移はだれにでも共通の現象であると考えるようになったことを見てきた。そこには、まちがいなくセラピストも含まれるにちがいないし、セラピストのクライエントとの関係ももちろん含まれるにちがいない。セラピストの反応についての専門用語は**逆転移**である。この概念が精神分析家によってどのように理解されてきたかには、長い歴史がある。元来、分析家は完全に分析されており、専門家であるから、クライエントについての理解は純粋に現実的なもので、クライエントの転移に基づく突飛な行為に対して、完全に適切な反応以外は返さないと考えられた、またはそのように期待された。フロイトは、折々無意識の派生物の中には、セラピストのプロ意識を忘れさせて不適切な反応を生じさせるものがあるだろうと認めていた。彼はこの反応を「逆転移」と呼び、除去されるべき障害物以外の何ものでもないとみなしていた。彼は、セラピストがそれを内省によって分析しきることができなければ、その分析家はコンサルテーションか、さらなる分析を求めるだろうと期待していた。

それが長い探求の始まりであった。分析家は、だれであれそのように完全に分析されることが本当にありうるのかという疑問を持ち始めた。逆転移は、避けがたく絶え間ないものであると理解された。一九五〇年までには、避けがたいだけでなく実際に有用であるとみなされた。一九六〇年代までには、必要不可欠なものであるとみなされた。

私たちは、分析家がついには、そして幸いにも、現実と歪曲の間の区別ができるという信念を捨てたことを見てきた。必然的に、その変化は逆転移についての見解を劇的に変化させた。この観点から、逆転移をセラピストがクライエントについてもつ**あらゆる**感情、思考そして知覚であると定義づけうるだろう。それが必要不可欠である理由を理解することができる。つまり、たとえば、共感はすべて逆転移とともに始まるのである。

間主観性

ひとたび、現実がとらえ所のないものであるとわかったら、治療関係の全体像が変化する。もともとは、明晰な人物が神経症によって視界が曇っているだれかを治療しているのだと堅く信じられていた。いまや、二人の人がそれぞれに自分独自のオーガナイジング・プリンシプルというレンズを通じてもう一人の実態を検分しているというのが、より正確かつある意味でより穏当な描写のようである。どちらも歪めていないし、どちらもある紛れもない現実に触れていない。このことは、その関係性が今度は**対称**であるとみなされると述べているのではない。つまり、二人ともクライエントのためにそこにいるのである。しかし、もはやセラピストの知覚、特に**自己**

の知覚は、クライエントよりも正確であるとは考えられていない。

ちょうど、物理学者が観察されているものに対する観察者の衝撃の程度についてわかるようになったように、分析家はセラピストのオーガナイジング・プリンシプル、つまりしばしば**無意識の**オーガナイジング・プリンシプルがいかに大きな衝撃をクライエントに与えているかをいまや理解しつつあるのである。この見方は、「間主観的」として知られるようになってきており、「間主観的」とは、クライエントについて生じてくる理解が、クライエントとセラピストの間主観性によって共同に形成されることを意味している。もはや逆転移という用語を使う意味はほとんどない。なぜなら、いまでは二組の転移を扱っていることが明らかだからである。

アリスとのセラピーが二十五年前のことであるなら、彼女が私の中にある無意識の性愛感情を実際に見つけることがあり得るとは考えなかっただろう。私が彼女に対する意識的な欲望に**気づいて**いるなら、私はそれを悔いるべき逆転移と考えてコンサルテーションを求めただろう。性愛感情に気づいていないなら、彼女の知覚はまるごと彼女のエディプス的な感情によって決定されていて、私の中で起きている何かによって決定されていることはありえないと決めてかかっていただろう。しかし、間主観的な見方から論述するセラピスト――ごく数人の名を挙げれば、ロバート・ストロロウと彼の共同研究者、[原注8] アーウィン・ホフマン、[原注9] スティーヴン・ミッチェル、[原注10] そしてルー・アーロンら――は、クライエントのセラピストについての知覚を真剣に考慮することが重要であることに対して開眼させてくれたのである。

このことは、セラピストの自己開示という問題を提起する。古典的な精神分析の立場は明確であった。それは、セラピストは決して自分の感情を明らかにしない、というものである。間主観性に基づく論客は、この問いを再び投げかけている。それは、この本の範囲を超えているけれども、いまや先端をいく中心的な論点であり、大いに議論の余地があることがらである。

転移の理論は、大まかに考えると、私たちが、対人関係におけるどの出会いにも、自分の願望や恐れや心的外傷の埋もれた歴史を持ち込んでいるということを示しているのである。セラピーにおいてであれ、生活においてであれ、お互いを知覚することやお互いに対して反応することに影響を与えている無意識の力は、もっとも価値のある啓発的なフロイトの発見のひとつである。

第12章　結　論

デルフォイの神託には、「汝自身を知れ」という言葉が刻まれている。言うは易く行うは難しである。目標は手には届かないが、それを探すことは崇高な旅である。というのもその道すがら、自分の魂の詩を見つけるだろうから。

私たちの自己理解へのフロイトの貢献は、まぎれもなく天才の所業だった。が、彼の理論的な冒険はすべてが成功した訳ではなかった。特に精神分析セラピーにフロイトはがっかりしたようである。晩年に至るまで精神分析の治療的な有効性について強い疑念を持っていた。フロイトが存命の間、そして、少なくとも彼の死後三〇年間は、精神分析は、大学院の教育で最善のものであったかもしれないけれども、フロイトが期待していたようには、人生の問題を軽減するのには役に立たなかった。

しかし、彼が発見し、創始した精神力動的なセラピーは、元来の精神分析よりももっと種々の形態に展開し、一九六〇年代と一九七〇年代に大きく進歩して以来、着実に改良され続けている。

神経症的な症状は常に抑圧された性的な衝動の表現であるというもともとの定式化は、大いに拡張されて、多くの無意識の葛藤を扱う余地ができた。子どもが当初の世話人（母親）から受け、学習し、抑圧する破壊的な禁止命令は、性についてのものかもしれない。また、怒りを表現することあるいは単に怒りを感じることについてのものかもしれない。人は早期に、自分は愛されない、あるいは自分は苦境を乗り切る能力がないことを学ぶかもしれない。これらの葛藤のすべてが、生きていくうえで問題を引き起こしうる。このように認識が拡張したので、効果的なセラピーが可能となった。

治療関係には、それ自体に癒しの力があり、それは無意識の衝動を表面化させる効力に勝るとも劣らないものであるということを、精神力動的なセラピストは今や理解している。これらがいかにして協動するかを理解することによって、治療的な効果に目覚ましい進歩をもたらした。

古典的なセラピストのスタンスは、しばしば抑制的で、寡黙であった。現代のセラピストは、今それに比べてかなり多くの自己開示や、よりくつろいだ、友好的なクライエントとの関係を自分自身に許している。このように自由となったことで精神力動的な治療の効力が増した。

数年間、週に四、五回の面接を受けるという古典的な精神分析のやり方はそれができる人には施されているが、初期の頃よりもはるかに洗練されている。より控えめではあるが有効的な技法がかなりの数フロイトの独創的な洞察からでており、着実に改良されている。もしフロイトが生き返ったら、彼の後継者たちが、彼の悲観的な予想をはるかに超えて精神力動的なセラピーの治療的な力を手にしたことに驚き、感謝するのではなかろうか。

今日世界で実践されているすべての深層心理セラピーの元祖がたった一人の人間であることは驚くべきことである。深層心理セラピーとは最も重要な無意識の力を敵から味方へと転換する試みである。この分野については多くの学派と多くの革新者が現れてきた。フロイト派の精神分析の主流の中には、関係学派のセラピスト(原注1)、自己心理学派のセラピスト(原注2)、対象関係論学派のセラピスト(原注3)がいる。他方、ユング(原注4)とアドラー(原注5)の後継者は、フロイトの領域からかけ離れた領域を探求した。いずれにしても、それらすべての方法はフロイトの素晴らしい独創的な洞察から生じたものである。とはいえ、現代の歴史が書かれる頃には、フロイトの遺産の最も重要な部分はフロイトの治療方法ではないかもしれない。

この本は、ジョセフ・キャンベルの引用から始まった。

（なぜなら）人の世界とは、比較的すっきりとこぢんまりまとまった意識と呼ぶ住まいの床下で、思ってもみないアラジンの洞窟へ下りていくものだからである。そこには宝石もあるが、危険な魔物《ジン》も住んでいる。考えたこともなければ、人生に迎え入れようとも思わない、不都合で抑制された心理的な力である。（原注6）

フロイトは、これらの洞窟に自ら思い切って分け入り、われわれについてくるように招き入れた。ついて行った者の中には、下界では、痛みや困惑を減らす教えを得られると期待して旅に出た者もいるだろう。援助者としての技術を改良することを求めていた者もいるかもしれない。また、この旅を人生の複雑さの中に美や暗黒のものを含めての詩情を見出すことを発見する術としてみなしている者もいるかもしれない。しかし、理由の如何によらず、この旅に部分的にでも参加した人は誰でも、以前と同じままではないようだ。

私は、この本の初めの方でフロイトの洞察の源泉について触れた。すなわち、人間の歴史上誰一人として、他の人の話を何時間も、何日も、何年も、フロイトが患者の話を聞いたように聞いたことはなかったこと、そして多分、フロイト以前には誰も、話し手に心の検閲をやめるように励ますためにここまではしなかった。だから彼がかつて誰も聞いたことがなかったことを聞いたこと、そして誰も想像しなかった精神的かつ情緒的な生活について知ったことは驚くことではない。

多分、私たちが自身を理解するのにフロイトが貢献した最も重要なことは、精神的かつ情緒的な生活の大部分は隠れているということと、意識というのは人間の心の小さい部分であるということである。動機は隠され、感情は埋められ、葛藤の力は見えないところでもがいている。

フロイトはまた私たちの自己理解に以下のような洞察も加えている。

- 内的な生活の大部分は、われわれを不安、罪そして恥から守るように設計されているのだが、そのために私たちが使う防衛機制は、しばしば深刻に不適応である。防衛機制は回避された感情や衝動が引き起こす以上の苦しみをもたらしかねない。防衛が不十分だとカオスが生じるが、防衛が過剰で厳しすぎると抑制されゆがんだ人生に導く。
- 人間は、早期の苦痛な体験を繰り返し、その体験を何回も何回も繰り返し、その反復の中で必要な補足的な役割を他者に演じさせようとする、不可解な無意識的な衝動強迫を持っている。
- 子ども時代の人間関係の困難は、将来にわたって影響を及ぼし続ける公算が大きい。とりわけ重要なのは、エディプス・コンプレックスとその解決にまつわるものである。
- 無意識的な罪悪感は、私たちの人生に強い影響を与えうる。
- 夢には意味があり、隠されたものを明らかにするという重要性がある。
- 私たちの早期の人間関係は、その後も持続する印象を刻みつけ、その後の関係の見方を色づける。つまり、転移は至る所についてまわる。

ヨーロッパ・ルネッサンスの研究者は、人間の自己イメージを深く揺さぶることで、シェークスピアの劇のような奇蹟を可能としたとして、しばしば三人の思想家を挙げる。コペルニクスは私たちが宇宙の真ん中にいるのではなく、ゆえに神にとって神のほかの創造物と比べて特別なものではないと初めて知らしめた。モンテーニュは、私たちが優美と道徳と美しさの点で下級天使から程遠く、宇宙の階層において動物以下のどこかに置かれるのであると説得力を持って論じた。マキャベリは、私たちは、神権によってでも、神の執事として忠実に仕えている王たちによってでもなく、むしろ言い訳やごまかしによって統治されていると指摘した。

現在、私たちが自分自身についてそして世界について知っているという自信を揺るがすのはだれであろうか？　ダーウィン、マルクス、そしてアインシュタインがそのようなリストに候補として挙げられるかもしれない。しかし、二十世紀の知的な歴史を書くときに、突出した存在としてフロイトを含まないことはあり得ない。というのは、フロイトは私たちが知っていると思っているすべてのことについて疑うよう教え、他にもっと本当は知りうるかもしれないことに終わりなき好奇心を持ち続けるよう私たちに教えたからである。

訳者あとがき

本書の原著と遭遇したのは、McWilliams, N.（2011）*Psychoanalitic Diagnosis*, second edition, The Guilford Press（第一版は、マックウィリアムズ、成田善弘監訳（二〇〇五）『パーソナリティ障害の診断と治療』創元社）を通じてである。そこで本書は「とても読者にやさしい（unusually user-friendly）中核的な精神分析の考え方についての教科書」と紹介されていた。「とても読者にやさしい」教科書こそはまさに私たちの求めていたものだった。

自慢ではないが、難しい本が苦手だ。心理臨床家の端くれとして、フロイトの著作にもいろいろ挑戦してきたし、今もしている。ドイツ語の原著は読めなくとも、Standard Edition や幾多の日本語訳等を通じて、フロイトとの対話を深めようとしてきた。けれど、悲しいかな、フロイトは時空の彼方の遠い存在に感じる。

現在五〇代の私たちですらそう感じるのだから、ましてや、フロイトが亡くなった一九三九年から四分の三世紀以上が過ぎてから、精神分析や力動的な心理療法を学び始めようとする若い読者ならばなおさらだろう。「とても読者にやさしい中核的な精神分析の考え方についての教科書」は、訳者が自らのために必要と感じ、また、これから学ぼうとする人にも必要に違いないと考えて訳出を決意したものである。

本書では、フロイトの鍵概念そして精神分析を原著者カーンが自らの長年の臨床経験に基づいて説明する。フロイトの考え方に基づきつつ、フロイト以降の知見も適宜紹介され、今に活きる精神分析のありようを鮮明に伝える。フロイトや精神分析に関する本は幾多あるが、この本は単なる解説書ではない。原著者カーンが、フロイトと精神分析の考え方や鍵概念を自分の臨床実体験を通じて嚙み砕いて消化し、言わばフロイトと対話しながら自分のことばで記述し、たくさんの事例に沿って説明する。それゆえに本書はわかりやすく、McWilliamsに「とても読者にやさしい」と言わしめた。元より、フロイトと語り、フロイトを咀嚼する幾多の先達を通じて、精神分析の叡智は生き続け、更新され、洗練され続けてきた。この本はその営みを教科書として私たちに提示してくれる。

私たちは毎日の生活で便利に電車を利用するけれども、電車が動く仕組みをほとんど知らない。乗客たる私は、仕組みを知らなくても電車に乗ることができ、それで支障は無い。他方、私が電車の操縦士だったならば、それでは済まない。操作パネルの扱い方は元より、電車が動く仕組みの知識も問われよう。心理臨床も同様であり、仕組みを知らずに表面的な操作を知っているだけでは到底覚束ない。長い間受け継がれてきた精神分析の基盤を欠いては、うわべだけの解決と自己満足のための心理臨床しかできない。例えば、傾聴・受容・共感という題目を掲げて、それらしいことを表面的に見真似るだけではクライエントにとっての真の解決は得られない。また、断片的な方法論や技法や理論だけでも心理臨床は成り立たない。フロイトがいかに難しくとも判りにくくとも、なんとか精神分析の今につながる叡智を自分のものにしていきたい所以だ。そこで、本書の出番である。フロイトの、精神分析の、人のこころの動きという仕組みを知るための入門としてこの本は最適だ。さらに臨床経験を積んで後もなお、日々の臨床を振り返る伝手となるに相違ない。

翻訳作業を通じて、訳者は精神分析についての自分の理解を幾度となく再確認する必要に迫られた。岩崎学術出版社の長谷川純さんには訳者の力量不足を終始忍耐強く補い支えていただき大変有り難かった。妙木浩之先生には、御多忙のなか監修をお引受け下さったことに感謝して止まない。また、西新宿臨床オフィスの菊池恭子先生にも隅々にわたってご助言をいただいた。多くの方々に御支援いただいた本書だが、訳者両名が訳出の全責任を負う。

なお、翻訳の作業分担は以下のとおりである。

はじめに、謝辞、第1章、第3章、第5章、第7章、第9章、第11章：　清水めぐみ

第2章、第4章、第6章、第8章、第10章、第12章：　秋田恭子

二〇一七年十月

秋田　恭子

清水めぐみ

索　引

さ行

た行

な行

は行

ま行

や行

ら行

書　誌

フロイトによるもの，フロイトに関するもの

Bettelheim, Bruno. *Freud and Man's Soul.* New York: Alfred A. Knopf, 1983.（藤瀬恭子訳『フロイトと人間の魂』法政大学出版局，1989.）

Breuer, J., and S. Freud. *Studies in Hysteria.* Vol. 2 of *The Standard Edition of the Complete Psychological Works of Sigmund Freud.* London: Hogarth, 1885.（芝伸太郎訳「ヒステリー研究」『フロイト全集 2』岩波書店，2008.）

Freud, Anna. *The Ego and the Mechanisms of Defense.* New York: International Universities Press, 1936.（黒丸正四郎・中野良平訳『自我と防衛機制 アンナ・フロイト著作集 2』岩崎学術出版社，1982；外林大作訳『自我と防衛』誠信書房，1958.）

Freud, Sigmund. *Analysis of a Phobia in a Five-Year-Old Boy.* Vol. 10 of *The Standard Edition of the Complete Psychological Works of Sigmund Freud.* London: Hogarth, 1909.（総田純次訳「ある５歳男児の恐怖症の分析」『フロイト全集 10』岩波書店，2008.）

______. *Beyond the Pleasure Principle.* Vol. 18 of *The Standard Edition of the Complete Psychological Works of Sigmund Freud.* London: Hogarth, 1920.（須藤訓任訳「快原理の彼岸」『フロイト全集 17』岩波書店，2006.）

______. *Civilization and Its Discontents.* Vol. 21 of *The Standard Edition of the Complete Psychological Works of Sigmund Freud.* London: Hogarth, 1930.（嶺秀樹・高田珠樹訳「文化の中の居心地悪さ」『フロイト全集 20』岩波書店，2011.）

______. *"Civilized" Sexual Morality and Modern Nervous Illness.* Vol. 9 of *The Standard Edition of the Complete Psychological Works of Sigmund Freud.* London: Hogarth, 1908.（道籏泰三訳「『文化的』性道徳と現代の神経質症」『フロイト全集 9』岩波書店，2007.）

______. *The Dynamics of Transference,* Vol. 12 of *The Standard Edition of the Complete Psychological Works of Sigmund Freud.* London: Hogarth, 1912.（須藤訓任訳「転移の力動論に向けて」『フロイト全集 12』岩波書店，2009.）

______. *The Ego and the Id.* Vol. 19 of *The Standard Edition of the Complete Psycological Works of Sigmund Freud.* London: Hogarth, 1923.（道籏泰三訳「自我とエス」『フロイト全集 18』岩波書店，2007.）

______. *Five Lectures on Psychoanalysis.* Vol. 11 of *The Standard Edition of the Complete*

Psychological Works of Sigmund Freud. London: Hogarth, 1910.（福田覚訳「精神分析について」『フロイト全集 9』岩波書店，2007.）

______. *Inhibition, Symptom, and Anxiety*. Vol. 20 of *The Standard Edition of the Complete Psychological Works of Sigmund Freud*. London: Hogarth, 1926.（大宮勘一郎・加藤敏訳「制止，症状，不安」『フロイト全集 19』岩波書店，2010.）

______. *The Interpretation of Dreams*. Vols. 4 and 5 of *The Standard Edition of the Complete Psychological Works of Sigmund Freud*. London: Hogarth, 1900.（新宮一成訳「夢解釈Ⅰ，Ⅱ」『フロイト全集 4，5』岩波書店，2007，2011.）

______. *Introductory Lectures*. Vols. 15 and 16 of *The Standard Edition of the Complete Psychological Works of Sigmund Freud*. London: Hogarth, 1915.（新宮一成・高田珠樹・須藤訓任・道籏泰三訳「精神分析入門講義」『フロイト全集 15』岩波書店，2012.）

______. *An Outline of Psychoanalysis*. Vol. 23 of *The Standard Edition of the Complete Psychological Works of Sigmund Freud*. London: Hogarth, 1940.（津田均訳「精神分析概説」『フロイト全集 22』岩波書店，2007.）

______. *The Psychopathology of Everyday Life*. Vol. 6 of *The Standard Edition of the Complete Psychological Works of Sigmund Freud*. London: Hogarth, 1901.（高田珠樹訳「日常生活の精神病理学にむけて」『フロイト全集 7』岩波書店，2007.）

______. *Three Essays on Sexuality*. Vol. 7 of *The Standard Edition of the Complete Psychological Works of Sigmund Freud*. London: Hogarth, 1905.（渡邉俊之訳「性理論のための 3 篇」『フロイト全集 6』岩波書店，2009.）

Lear, Jonathan. *Open Minded*. Cambridge: Harvard University Press, 1998.（竹友安彦監訳『開かれた心』里文出版，2005.）

Madison, P. *Freud's Concept of Repression and Defense*. Minneapolis: University of Minneapolis Press, 1961.

Masson, J. M. *The Assault on Truth: Freud's Suppression of the Seduction Theory*. New York: Farrar, Straus & Giroux, 1984.

関係精神分析

Aron, Lewis. *A Meeting of Minds: Mutuality in Psychoanalysis*. Hillsdale, N.J.: The Analytic Press, 1996.

Gill, Merton. *The Analysis of Transference*. New York: International Universities Press, 1982.（神田橋條治・溝口純二訳『転移分析――理論と技法』金剛出版，2006.）

______. Psychoanalysis in Transition. Hillsdale, N.J.: Analytic Press, 1994.

Hoffman, Irwin. *Ritual and Spontaneity in the Psychoanalytic Process*. Hillsdale, N.J.: Analytic Press, 1998.

Mitchell, Stephen. *Influence and Autonomy in Psychoanalysis*. Hillsdale, N.J.: Analytic Press, 1997.

Stolorow, R. D., B. Brandschaft, and G. E. Atwood. *Psychoanalytic Treatment: An Intersubjective Approach*. Hillsdale, N.J.: Analytic Press, 1987.（丸田俊彦訳『間主観的アプローチ——コフートの自己心理学を超えて』岩崎学術出版社，1995.）

Stolorow, Robert, George Atwood, and Bernard Brandschaft. *The Intersubjective Perspective*. Hillsdale, N.J.: Analytic Press, 1994.

Teicholz, Judith Guss. *Kohut, Loewald, and the Postmoderns*. Hillsdale, N.J.: Analytic Press, 1999.

対象関係論

Greenberg, J. R., and S. A. Mitchell. *Object Relations in Psychoanalytic Theory*. Cambridge: Harvard University Press, 1983.（横井公一監訳『精神分析理論の展開——〈欲動〉から〈関係〉へ』ミネルヴァ書房，2001.）

コフートの自己心理学

Kohut, Heinz. *How Does Analysis Cure?* Chicago: University of Chicago Press, 1984.（本城秀次・笠原嘉監訳『自己の治癒』みすず書房，1995.）

Wolf, Ernest. *Treating the Self*. New York: Guilford Press, 1988.（安村直己・角田豊訳『自己心理学入門——コフート理論の実践』金剛出版，2001.）

一 般

Adler, A. *Social Interest: A Challenge to Mankind*. New York: Capricorn, 1929.

Benjamin, J. *The Bonds of Love*. New York: Pantheon Books, 1988.（寺沢みずほ訳『愛の拘束』青土社，1996.）

Campbell, Joseph. *The Hero with a Thousand Faces*. Princeton, N.J.: Princeton University Press, 1949.（倉田真木・斎藤静代・関根光宏訳『千の顔をもつ英雄〔新訳版〕』早川書房，2015.）

Chodorow, N. *The Reproduction of Mothering*. Berkeley: University of California Press, 1978.（大塚光子・大内菅子訳『母親業の再生産——性差別の心理・社会的基盤』新曜社，1981.）

Johnson, A. W, and D. Price-Williams. *Oedipus Ubiquitous*. Stanford, Calif.: Stanford University Press, 1966.

Jung, C. G. *Modern Man in Search of a Soul*. New York: Harcourt Brace, 1993.

Mahler, M. S., F. Pine, and A. Bergman. *The Psychological Birth of the Human Infant*. New York: Basic Books, 1975.（高橋雅士・織田正美・浜畑紀訳『乳幼児の心理的誕生——母子共生と個体化』黎明書房，1981.）

McWilliams, Nancy. *Psychoanalytic Diagnosis*. New York: Guilford Press, 1994.（成田善弘監訳『パーソナリティ障害の診断と治療』創元社，2005.）

Ofshe, R., and E. Watters. *Making Monsters: False Memories, Psychotherapy, and Sexual Hysteria.* Berkeley: University of California Press, 1996.

Schwaber, E. A. *The Transference in Psychotherapy.* New York: International Universities Press, 1985.

Wolpe, J. *Psychotherapy by Reciprocal Inhibition.* Stanford, Calif.: Stanford University Press, 1958.

原　注

はじめに

1. B. Bettelheim, *Freud and Man's Soul* (New York: Alfred A. Knopf, 1983), p. 4.（『フロイトと人間の魂』10-11 ページ。）

第 1 章

1. J. Lear, *Open Minded.* (Cambridge: Harvard University Press, 1998), p. 18.（『開かれた心――精神の理論を探求する』p. 32，本文の引用部分に合せて一部変更。）
2. Ibid., p. 28.（同上書，p. 43-44，本文の引用部分に合せて一部変更。）
3. R. D. Stolorow, B. Brandschaft, and G. E. Atwood, *Psychoanalytic Treatment: An Intersubjective Approach* (Hillsdale, N.J.: Analytic Press, 1987), p. 65.

第 2 章

1. S. Freud, *Introductory Lectures,* vol. 15 of *The Standard Edition of the Complete Psychological Works of Sigmund Freud* (London: Hogarth, 1915), p. 57.（『フロイト全集 15　精神分析入門講義』p. 59。）
2. Freud, *Introductory Lectures,* p. 295.（『フロイト全集 15　精神分析入門講義』p. 358-359 を参考に訳す。）
3. S. Freud, *The Ego and the Id,* vol. 19 of *The Standard Edition of the Complete Psychological Works of Sigmund Freud* (London: Hogarth, 1923), p. 25.
4. Freud, *Introductory Lectures,* p. 122.（SE では orchestra ではなく stall。金額表示もフローリンで注あり。『フロイト全集 15　精神分析入門講義』p. 142。）
5. Ibid., p. 124.
6. Ibid., p. 264.（SE 16, pp.264-269 より本文の変更にあわせて変更。『フロイト全集 15　精神分析入門講義』p. 323-329。）
7. S. Freud, *The Psychopathology of Everyday Life,* vol. 6 of *The Standard Edition of the Complete Psychological Works of Sigmund Freud* (London: Hogarth, 1901).
8. Ibid., p. 9.（p. 9 とあるが実際には p. 8-14 より一部を要約している。『フロイト全集 7』p. 12-20。本文の要約にあわせて変更。）
9. S. Freud, *Three Essays on Sexuality,* vol. 7 of *The Standard Edition of the Complete Psychological Works of Sigmund Freud* (London: Hogarth, 1905), p. 125.

第3章

1. S. Freud, "Three Essays on Sexuality," in vol. 7 of *The Standard Edition of the Complete Psychological Works of Sigmund Freud* (London: Hogarth, 1905), p. 187.（「性理論のための3篇」『フロイト全集 6』p. 241より。本文における変更に合わせて変更。）
2 S. Freud, "A Case of Hysteria," in vol. 7 of *The Standard Edition of the Complete Psychological Works of Sigmund Freud* (London: Hogarth, 1905), p. 51.（「あるヒステリー分析の断片」『フロイト全集 6』p. 60。）
3. S. Freud, *Introductory Lectures,* vol. 16 of *The Standard Edition of the Complete Psychological Works of Sigmund Freud* (London: Hogarth, 1915), p. 341.（『精神分析入門講義』参照のこと。）

第4章

1. S. Freud, *The Interpretation of Dreams,* vol. 4 of *The Standard Edition of the Complete Psychological Works of Sigmund Freud* (London: Hogarth, 1900), p. 261.（p. 261とあるが実際はp. 260–261.（『フロイト全集 4　夢解釈 I』p. 338–339であるが，本文における変更にあわせて変更。）
2. G. Lindzey, "Some Remarks Concerning Incest, the Incest Taboo, and Psychoanalytic Theory," *American Psychologist* 22, no. 12 (1967): 1051.
3. A. W. Johnson and D. Price-Williams, *Oedipus Ubiquitous* (Stanford, Calif.: Stanford University Press, 1966), p. 98.
4. Ibid., p. 141.
5. Ibid., p. 153.
6. J. M. Masson, *The Assault on Truth: Freud's Suppression of the Seduction Theory* (New York: Farrar, Straus & Giroux, 1984).
7. R. Ofshe and E. Watters, *Making Monsters: False Memories, Psychotherapy, and Sexual Hysteria* (Berkeley: University of California Press, 1996).
8. J. Benjamin, *The Bonds of Love* (New York: Pantheon Books, 1988).
9. N. Chodorow, *The Reproduction of Mothering* (Berkeley: University of California Press, 1978).
10. M. S. Mahler, F. Pine, and A. Bergman, *The Psychological Birth of the Human Infant* (New York: Basic Books, 1975).
11. J. W. M. Whiting, R. Kluckhohn, and A. Anthony, "The Function of Male Initiation Rites at Puberty," in E. E. Maccoby, T. M. Newcomb, and E. L. Hartley, eds., *Readings in Social Psychology* (New York: Holt, 1958).
12. N. Chodorow, *The Reproduction of Mothering* (Berkeley: University of California Press, 1978), p. 133.

13. Benjamin, *Bonds of Love*.
14. Ibid, p. 111.（p. 111 とあるが実際は p. 115。『愛の拘束』p. 158。）
15. Freud, *Interpretation of Dreams*, p. 265.（p. 265 とあるが実際は p. 265-266。『フロイト全集 4　夢解釈 I』p. 344-346 であるが本文における変更にあわせて変更。）

第 5 章

1. S. Freud, *Beyond the Pleasure Principle*, vol. 18 of *The Standard Edition of the Complete Psychological Works of Sigmund Freud*（London: Hogarth, 1920）, p. 22.（「快原理の彼岸」『フロイト全集 17』p. 73 より。本文の省略に合せて一部変更。）
2. Ibid., p. 7.
3. S. Freud, *Civilization and Its Discontents*, vol. 21 of *The Standard Edition of the Complete Psychological Works of Sigmund Freud*（London: Hogarth, 1930）pp. 118-119.（「文化の中の居心地悪さ」『フロイト全集 20』p. 130。）

第 6 章

1. S. Freud, *Introductory Lectures*, vol. 16 of *The Standard Edition of the Complete Psychological Works of Sigmund Freud*（London: Hogarth, 1915）, p. 401.
2. S. Freud, *Inhibition, Symptom, and Anxiety*, vol. 20 of *The Standard Edition of the Complete Psychological Works of Sigmund Freud*（London: Hogarth, 1926）, p. 75.
3. S. Freud, *Analysis of a Phobia in a Five-Year-Old Boy*, vol. 10 of *The Standard Edition of the Complete Psychological Works of Sigmund Freud*（London: Hogarth, 1909）, p. 1.
4. J. Wolpe, *Psychotherapy by Reciprocal Inhibition*（Stanford, Calif.: Stanford University Press, 1958）.

第 7 章

1. A. Freud, *Ego and the Mechanisms of Defense*（New York: International Universities Press, 1936）.
2. M. Solomon, *Beethoven*（New York: Schirmer Books, 1977）.
3. A. Freud, *Ego and the Mechanisms of Defense*, p. 117.
4. N. McWilliams, *Psychoanalytic Diagnosis*（New York: Guilford Press, 1994）, p. 109.
5. B. Bettelheim, *The Informed Heart*（New York: Avon Books, 1960）, p.170.
6. A. Freud, *Ego and the Mechanisms of Defense*, pp. 48-50.
7. Ibid., p. 47.

第 8 章

1. Thomas of Celano, *Francis of Assisi*（New York: New City Press, 1999）, p. 221.

2. S. Freud, *Civilization and Its Discontents,* vol. 21 of *The Standard Edition of the Complete Psychological Works of Sigmund Freud* (London: Hogarth, 1930), p. 128.（『フロイト全集 20』 p.141。）
3. S. Freud, "'Civilized' Sexual Morality and Modern Nervous Illness," in vol. 9 of *The Standard Edition of the Complete Psychological Works of Sigmund Freud* (London: Hogarth, 1908), p. 177.

第 9 章

1. S. Freud, *The Interpretation of Dreams,* vols. 4 and 5 of *The Standard Edition of the Complete Psychological Works of Sigmund Freud* (London: Hogarth, 1900).
2. Ibid., p. 123.
3. Ibid., p. 355.
4. P. Lippman, "Dreams and Psychoanalysis: A Love-Hate Story." *Psychoanalytic Psychology* 17, no. 4 (2000): 627–650.
5. M. M. Gill, *The Analysis of Transference,* vol. 1 (New York: International Universities Press, 1982).
6. H. Kohut, *How Does Analysis Cure?* (Chicago: University of Chicago Press, 1984).
7. C. G. Jung, *The Archetypes and the Collective Unconscious,* vol. 9, part 1 of *The Collected Works* (Princeton: Princeton University Press, 1934).

第 10 章

1. S. Freud, "Mourning and Melancholia," in vol. 14 of *The Standard Edition of the Complete Psychological Works of Sigmund Freud* (London: Hogarth, 1917), p. 237.
2. Ibid., p. 244–245.（「喪とメランコリー」『フロイト全集 14』 p. 275–276。本文における変更にあわせて変更。）
3. S. Freud, "The Ego and the Id," in vol. 19 of *The Standard Edition of the Complete Psychological Works of Sigmund Freud* (London: Hogarth, 1923), p. 3.
4. J. E. Baker, "Mourning and the Transformation of Object Relationships," *Psychoanalytic Psychology* 18, no. 1 (2001): 55–73.
5. E. Lindemann, "Symptomatology and Management of Acute Grief," *American Journal of Psychology* 101 (1944): 141–148.
6. C. M. Parkes, *Bereavement: Studies of Grief in Adult Life,* 3rd ed. (Madison, Conn.: International Universities Press, 1996).
7. G. Gorer, *Death, Grief and Mourning in Contemporary Britain* (London: Cresset, 1965).
8. Ibid.; Parkes, *Bereavement,* p. 151.
9. E. Burgoine, A Cross-Cultural Comparison of Bereavement Among Widows in New

Providence, Bahamas and London, England. Paper presented at the International Conference on Grief and Bereavement in Contemporary Society, London, England, July 12–15, 1988.

10. D. M. Lovell, G. Hemmings, and A. D. Hill, "Bereavement Reactions of Female Scots and Swazis: A Preliminary Comparison," *British Journal of Medical Psychology* 66, no. 3 (1993): 259–274.

第 11 章

1. J. Breuer and S. Freud, *Studies in Hysteria,* vol. 2 of *The Standard Edition of the Complete Psychological Works of Sigmund Freud* (London: Hogarth, 1885), p. 1.
2. S. Freud, *The Dynamics of Transference,* vol. 12 of *The Standard Edition of the Complete Psychological Works of Sigmund Freud* (London: Hogarth, 1912), p. 99.
3. Ibid., p. 108.（「転移の力動論にむけて」『フロイト全集 12』 p. 220。）
4. S. Freud, *An Outline of Psychoanalysis,* vol. 23 of *The Standard Edition of the Complete Psychological Works of Sigmund Freud* (London: Hogarth, 1940), p. 177.（「精神分析概説」『フロイト全集 22』 p. 214。）
5. M. M. Gill, *The Analysis of Transference* (New York: International Universities Press, 1982).
6. H. Kohut, *The Restoration of the Self* (New York: International Universities Press, 1977); H. Kohut, *How Does Analysis Cure?* (Chicago: University of Chicago Press, 1984).
7. R. D. Stolorow, B. Brandschaft, and G. E. Atwood, *Psychoanalytic Treatment: An Intersubjective Approach* (Hillsdale, N.J.: Analytic Press, 1987).
8. R. D. Stolorow, G. E. Atwood, and B. Brandschaft, *The Intersubjective Perspective* (Hillsdale, N.J.: Analytic Press, 1994).
9. I. Hoffman, *Ritual and Spontaneity in the Psychoanalytic Process* (Hillsdale, N.J.: Analytic Press, 1998).
10. S. A. Mitchell, *Influence and Autonomy in Psychoanalysis* (Hillsdale, N.J.: Analytic Press, 1997).
11. L. Aron, *A Meeting of Minds: Mutuality in Psychoanalysis* (Hillsdale, N.J.: Analytic Press, 1996).

第 12 章

1. S. A. Mitchell, *Relational Concepts in Psychoanalysis: An Integration* (Cambridge, Mass.: Harvard University Press, 1988).
2. H. Kohut, *How Does Analysis Cure?* (Chicago: University of Chicago Press, 1984).
3. J. R. Greenberg and S. A. Mitchell, *Object Relations in Psychoanalytic Theory*

(Cambridge: Harvard University Press, 1983).
4. C. G. Jung, *Modern Man in Search of a Soul* (New York: Harcourt Brace, 1993).
5. A. Adler, *Social Interest: A Challenge to Mankind* (New York: Capricorn, 1929).
6. J. Campbell, *The Hero with a Thousand Faces* (Princeton, N.J.: Princeton University Press, 1949), p. 8.（『千の顔をもつ英雄　上』p. 24.）

監修者略歴

妙木浩之（みょうき　ひろゆき）

1987年　上智大学文学研究科博士後期課程満期退学。
　　　　北山研究所，佐賀医科大学助教授，久留米大学文学部助教授を経て現職。
専　攻　臨床心理学・精神分析学
現　職　南青山心理相談室他セラピスト・東京国際大学人間社会学部教授
著　書　『父親崩壊』，『心理経済学のすすめ』（ともに新書館）
　　　　『こころと経済』（産業図書）
　　　　『フロイト入門』（ちくま新書）
　　　　『好きできらいで好き』（日本放送出版協会）
　　　　『エディプス・コンプレックス論争』（講談社）
　　　　『精神分析における言葉の活用』（金剛出版）
　　　　『初回面接入門』（岩崎学術出版社）
　　　　『大人のための精神分析入門』（PHP）他

訳者略歴

秋田恭子（あきた　やすこ）

　　　　慶應義塾大学大学院社会学研究科修士課程修了，臨床心理士
現　職　東北福祉大学総合福祉学部教授
　　　　南青山心理相談室（東京都港区）
著訳書　バルクリー＆バルクリー著『死のまぎわに見る夢』（共訳，講談社，2006）
　　　　北山修監修，妙木浩之編『日常語臨床事典』（共著，誠信書房，2006）
　　　　ストレイチー著『フロイト全著作解説』（共訳，人文書院，2005）
　　　　ピンスカー著『サポーティヴ・サイコセラピー入門』（共訳，岩崎学術出版社，2011）

清水めぐみ（しみず　めぐみ）

　　　　東洋英和女学院大学大学院人間科学研究科修士課程修了，臨床心理士
現　職　東北福祉大学総合福祉学部准教授
著訳書　ペリー著『まんがサイコセラピーのお話』（共訳，金剛出版，2013）

ベイシック・フロイト
―21世紀に活かす精神分析の思考―
ISBN978-4-7533-1126-2

監修者
妙木　浩之
訳　者
秋田　恭子
清水めぐみ

2017年11月 9日　第1刷発行

印刷　新協(株)　／　製本　(株)若林製本

発行所　(株)岩崎学術出版社　〒101-0052　東京都千代田区神田小川町2-6-12
発行者　杉田　啓三
電話03(5577)6817　FAX 03(5577)6837